Les autres livre

La foi dans la vallée

Un jour mon âme s'est ouverte

La déprime

Ne cédez pas !

Hier, j'ai pleuré

Jusqu'à aujourd'hui !

Survivre à la déprime

Apprendre à rompre avec les habitudes du passé et débuter le processus de guérison

IYANLA VANZANT

Adapté de l'américain par Yanick Farmer

Traduction : Yanick Farmer
Révision : Denise Pelletier, Jacques Gladu, Nancy Coulombe
Typographie et mise en page : François Doucet
Graphisme de la page couverture : Carl Lemyre
Illustration de la couverture : Carl Lemyre
Photo de l'auteure : Bill Tucker
Première impression : 2003
Dépôt légal : deuxième trimestre 2003
Bibliothèque Nationale du Québec
Bibliothèque Nationale du Canada

ISBN 2-89565-117-5

Éditions AdA Inc.
172, des Censitaires
Varennes, Québec, Canada, J3X 2C5
Téléphone : 450-929-0296
Télécopieur : 450-929-0220
www.ADA-INC.com
INFO@ADA-INC.COM

Diffusion
Canada : Éditions AdA Inc.
France : D.G. Diffusion
Rue Max Planck, B.P. 734
31683 Labege Cedex
Tél : 05-61-00-09-99
Suisse : Transat- 23.42.77.40
Belgique : Vander- 27.61.12.12

Imprimé au Canada

Participation de la SODEC.
Nous reconnaissons l'aide financière du gouvernement du Canada par l'entremise du Programme d'aide au développement de l'industrie de l'édition (PADIÉ) pour nos activités d'édition.

Gouvernement du Québec – Programme de crédit d'impôt pour l'édition de livres – Gestion SODEC.

REMERCIEMENTS

Je remercie Dieu, comme Source et centre de ma vie, quels que soient les noms qu'Il ou Elle prend, pour tout le bien que j'ai fait et pour ce que je suis devenue.

Je remercie et témoigne humblement ma reconnaissance à Obatala et Osun qui sont les formes que Dieu a choisies de prendre à l'intérieur de moi pour s'exprimer.

Je vous remercie VOUS ! Pour votre désir de grandir et pour votre désir de connaître la vérité sur ce que vous êtes, sur la vie et sur la Source.

Je remercie et témoigne humblement ma reconnaissance au personnel, aux étudiants et aux compagnons de Inner Visions Worldwide Network pour leur support indéfectible et pour leurs efforts qui ont maintenu le ministère à flot et rendu le travail utile.

Je remercie et témoigne humblement ma reconnaissance à mes enfants, Damon Keith, Gemmia Lynnette, Nisa Camille, et à mon fils adoptif J. Alexander Morgan qui ne se sont jamais plaints des années passées dans la *déprime* avec moi.

Je remercie le gâteau au chocolat, la crème glacée au café Häagen-Dazs, le café Folgers et la dinde fumée sur un croissant comme étant les plus grandes joies que quelqu'un peut avoir lorsqu'il vit un moment de déprime.

Je remercie et témoigne humblement ma reconnaissance à l'amour de ma vie, Adeyemi Bandele, parce qu'il est ma « Citrouille ».

TABLE DES MATIÈRES

TABLE DES MATIÈRES

AFFRONTER LA DÉPRIME

VOUS DEVEZ NETTOYER LA MAISON
AVANT DE POUVOIR Y VIVRE !

Bienvenue ! Il y a des chances, si vous avez mis l'effort et l'énergie pour trouver ce livre, que vous soyez dans la « *déprime* ». Je vous souhaite la bienvenue car je sais que quelque chose de merveilleux est sur le point d'arriver – dans votre vie et pour vous.

Vous croyez probablement que votre vie ou une partie de celle-ci est en train de s'effondrer. En vérité tout est sur le point de se replacer de la manière que vous l'avez toujours souhaitée !

L'objectif de ce livre sur la *déprime* est de vous aider à recoller les morceaux de votre vie – les morceaux qui manquent, ceux qui sont brisés et ceux qui sont perdus. Nous revisiterons chaque centimètre de votre demeure émotionnelle et spirituelle et nous ferons le ménage, enlèverons les débris, réparerons les fuites, arrêterons les craquements et nous révèlerons et réparerons tous les dommages que nous pourrons trouver. Ce livre est conçu pour vous soutenir pendant que vous faites le travail exigé pour construire une structure solide qui est basée sur l'amour. Laissez-moi vous mettre en garde maintenant : cela pourrait ne pas être facile ! Mais cela vous le saviez, n'est-ce pas ?

ÊTES-VOUS PRÊT À TRAVAILLER ?

La *déprime* est une période de travail sur soi. C'est le 9 à 5 de votre vie auquel vous apportez tout ce que vous avez étudié, appris, compris et reconnu à propos de vous-même et de votre vie. La *déprime* est une période de renforcement de vos connaissances, de manière à ce que cela puisse travailler à travers vous et pour vous. La *déprime* est l'endroit où vous atterrissez lorsque vous l'avez vu venir, que vous ne saviez pas quoi faire et que vous avez finalement dit : « OK ! OK ! Je n'aime pas cela, mais je suis prêt à vivre avec! » La bonne volonté est la clé qui transforme une expérience qui forge le caractère en une expérience qui enrichit l'âme. Au cœur de votre âme se situe l'essence de l'amour.

Dans une période de *déprime*, vous devez tenir compte de toutes les expériences que vous n'aimez pas, mais que vous êtes au moins disposé à comprendre. La compréhension est le laissez-passer pour surmonter la *déprime*. Chaque étape ou chaque étape que vous avez manquée a conduit à ce moment. Vous êtes exactement là où vous devez être pour accéder à une conscience supérieure. C'est l'endroit où vous deviez venir afin de « pousser » votre vie à un niveau supérieur. La *déprime* signifie monter le volume – le volume de l'amour que vous êtes prêt à donner et recevoir.

En pleine *déprime*, il peut *sembler* que vous êtes sur des bases peu solides. En vérité vous êtes sur des *Bases Divines*. Oh ! à propos, ai-je mentionné que la *déprime* est fondée sur la vérité ? La vérité de ce que vous êtes, la vérité sur ce que vous faites, la vérité sur ce que vous voulez, la vérité sur ce que vous voyez, la vérité sur ce que vous savez et la vérité sur ce que vous ne savez pas. En outre, au milieu d'une période de *déprime*, il y a la vérité sur votre capacité à reconnaître tout ceci, et c'est *cette vérité* qui déterminera en fin de compte comment vous surmonterez tout ce qui vous arrivera.

Dans une période de *déprime*, vous êtes engagé dans un processus de Sainte Guérison auquel votre âme participe car, au plus profond de votre âme, vous savez que l'amour est la seule manière d'obtenir ce que vous voulez vraiment. Dans la *déprime*, vous devrez travailler avec vos propres matériaux.

OÙ EST LE DÉSORDRE ?

Une émotion est une énergie qui vous transporte dans une direction ou une autre. Si vous êtes coincé par une émotion, vous n'irez dans aucune direction. Ce que vous *ressentez* détermine la sorte de travail que vous devez faire pour surmonter la *déprime*. Ce qui suit, ce sont des indications élémentaires sur ce que vous pouvez utiliser pour arriver à comprendre où vous vous situez.

Vous êtes au sous-sol si vous vous sentez déçu, trahi, rejeté et/ou si vous croyez que vous en êtes là à cause de quelqu'un d'autre. Vous avez un problème, mais vous ne savez pas c'est quoi.

Vous êtes au premier étage si vous vous sentez en colère, apeuré, confus, malheureux et/ou si vous croyez que votre vie s'effondre. Vous avez un problème, mais vous ne savez pas c'est quoi.

Vous êtes au deuxième étage si vous êtes au terme d'une relation que vous souhaitez poursuivre, que vous quittez un emploi que vous n'aviez pas le courage de quitter, que vous retournez aux études, que vous déménagez dans un nouvel endroit simplement pour vous éloigner de l'ancien endroit, que vous démarrez une entreprise parce que vous avez été mis à pied et/ou que vous faites face à des problèmes de santé à cause que vous ne faites pas assez attention à vous. Vous avez un problème, vous savez ce que c'est, mais vous ne savez pas quoi faire.

Vous êtes coincé entre le deuxième et le troisième étage si vous vous demandez pourquoi moi ??? Pourquoi maintenant ??? Pourquoi devrais-je ??? Comment est-ce arrivé ??? Comment puis-je ??? Quand cela se terminera-t-il ??? Quand cela commencera-t-il ??? Que diable se passe-t-il ??? Vous avez un problème, vous savez ce que vous devez faire, mais vous avez peur de le faire.

Vous êtes au troisième étage si vous cherchez à mettre un terme à des relations dysfonctionnelles, êtes prêt à pardonner à des gens avec qui vous avez été en relation, êtes prêt à vous pardonner pour être resté dans des relations ou des situations que vous saviez devoir éviter et/ou vous êtes prêt à assumer l'entière responsabilité pour chaque aspect de votre vie. Vous n'avez pas de problèmes. Vous avez des défis et vous vous sentez parfaitement outillé pour les affronter.

Vous êtes au grenier si vous vous sentez ou si vous dites je suis reconnaissant ! J'ai espoir ! Je suis prêt ! Je suis ouvert !

ASSUREZ-VOUS QUE VOUS ÊTES DANS LA BONNE MAISON !!!

Juste pour être certain, faisons un inventaire rapide afin de nous assurer que c'est le livre dont vous avez besoin.

Vous êtes *déprimé* si :

♥ Vous êtes confus, en colère, déçu, frustré au sujet de quelque chose qui est arrivée dans votre vie.
♥ Vous venez d'être congédié, quitté, vous avez divorcé, subi une opération ou êtes sorti de prison.
♥ Vous vous sentez anxieux, inquiet, abattu, affaibli, triste, insatisfait, engourdi ou généralement découragé.

Si, cependant, vous êtes furieux, dépressif, vous cherchez vengeance ou revanche; si vous voyez rouge, noir ou vert lorsque vous pensez à une personne ou à une situation, **vous n'êtes pas dans une période de *déprime*.** Vous êtes au fond du baril !

Atteindre le fond du baril n'est pas la même chose qu'être *déprimé*. Quand vous êtes au fond du baril, vous vivez une expérience qui nourrit le développement de votre tempérament. Quand vous vous trouvez au fond du baril, c'est parce que vous avez manqué le bateau ! Vous avez démontré de la mauvaise volonté ou de l'incapacité à examiner et à accepter la vérité au sujet de vous-même. Vous êtes en train de recevoir une leçon que vous avez manquée car vous avez insisté pour faire « *votre petite affaire* », « *à votre manière* », même si vous saviez que cette manière ne fonctionnerait pas. Si vous êtes au fond du baril et que vous pleurez probablement de colère, que vous cassez de la vaisselle, que vous parlez vraiment en mal de quelqu'un et que vous êtes – encore – une victime, vous tenez probablement des propos semblables : « J'ai tout donné et me suis fait avoir – encore ! Ou : « je me suis fendu en quatre pour bien faire les choses, mais voilà qu'on m'ignore, qu'on me quitte, qu'on me maltraite – encore ! »

Si vous vivez une expérience misérable pour laquelle vous jurez qu'on ne vous y prendra plus, il y a des chances que vous ne l'ayez pas vu venir. Non pas parce que vous ne pouviez pas la voir, mais parce que vous ne vouliez pas la voir. Maintenant que ce que vous avez vu et refusé d'accepter vous a mordu les fesses, vous en avez vraiment, vraiment, vraiment assez ! Cela s'appelle un *ras-le-bol* ! C'est l'état dans lequel la plupart de ceux qui sont au fond du baril se trouvent avant de prendre conscience qu'il y a du travail à faire. Ils sont ou bien comateux, ou dans un état avancé de *ras-le-bol*.

Si cela décrit clairement ou presque votre état d'esprit actuel, je vous suggère humblement de revenir en arrière et de lire *Les valeurs dans la vallée : guide pour affronter les dilemmes de la vie à l'intention des femmes noires*. Ne tiquez pas sur le fait que, peut-être, vous n'êtes pas Noir ou que vous n'êtes pas une femme. Lisez-le de toute façon ! Je peux presque vous garantir qu'il y a quelque chose sur vous-même que vous pouvez apprendre dans les pages de ce livre.

Si vous êtes actuellement au fond du baril, vous pourriez trouver que ce livre vous est fort peu utile; cependant, vous devez être *disposé* à faire le travail exigé. Cela signifie cesser de blâmer. Blâmer consiste à chercher dans votre tête *là-bas*, plutôt qu'*ici*, lorsque vous vivez une expérience douloureuse ou inconfortable. Blâmer signifie transférer la responsabilité de votre situation sur quelqu'un ou quelque chose d'autre, plutôt que d'accepter la responsabilité qui est la vôtre.

La *déprime* est une expérience très différente. Quand vous êtes *déprimé*, vous êtes blessé, mais vous ne blâmez personne d'autre, à moins d'être au sous-sol. Vous saurez que vous êtes au sous-sol si vous êtes prêt à vous sentir mieux en prenant tous les moyens nécessaires. Vous êtes en colère, mais vous êtes prêt à pardonner, même si pardonner signifie reconnaître que *vous avez fait une erreur*, un choix discutable ou une grosse bourde. Vous êtes confus, mais vous ne vous êtes pas caché, refusant de sortir jusqu'à ce que quelqu'un ou quelque chose aient été trouvés coupables.

Si vous avez même une petite parcelle de bonne volonté pour travailler sur vous-même, vous pouvez trouver du réconfort dans ces pages. Sinon, jusqu'à ce que vous deveniez *disposé* à assumer une part de votre colère, de votre ras-le-bol et de vos blâmes, vous trouverez qu'il est très difficile de faire le travail de guérison nécessaire. Mais, je vous laisserai le soin de décider où vous êtes et où vous voulez être.

VOUS ALLEZ AIMER VOTRE NOUVELLE MAISON !

Dans la *déprime*, vous vous demandez : *Quoi ?* Que puis-je faire ? Qu'ai-je fait ? Que devrais-je faire ? Que suis-je en train d'apprendre ? Vous vous demandez : *Comment ?* Comment puis-je arrêter ce cycle ? Comment en suis-je arrivé là ? Comment cela est-il arrivé...? Vous vous demandez : *Pourquoi ?* Pourquoi suis-je ici ? Pourquoi cela m'arrive-t-il ? Pourquoi ceci ? Pourquoi maintenant ? Ceci est un scénario très différent de celui quand vous êtes au fond du baril. Quand vous êtes au fond du baril, la seule chose que vous vous demandez c'est : « Pourquoi moi ?! » Vous mettez aussi plus d'emphase sur le *moi*, et non sur le *pourquoi*. C'est précisément la raison pour laquelle la *déprime* est une expérience très différente. La *déprime* arrive pour faire évoluer, pas pour développer; pour clarifier les choses, pas pour vous donner des yeux ! Plus précisément, la *déprime* arrive pour vous en apprendre sur l'amour.

L'amour ne blesse pas. Il vous guide doucement vers où vous devez être à n'importe quel moment de votre vie. L'amour n'est pas là pour vous écraser. L'amour vous ouvre les yeux, rend vos idées claires, et par-dessus tout, il ouvre votre cœur à une plus grande connaissance de vous-même. Maintenant, j'admettrai qu'il y a de ces situations où il *semble* que l'amour vous a laissé sécher seul dans le désert, pas même avec une seule goutte d'eau. Cela n'est cependant qu'une apparence. Les choses sont rarement comme elles paraissent, et le but de l'expérience de la *déprime* est de vous conduire au-delà des apparences, vers la véritable essence de ce que vous êtes : l'amour.

Si vous ne donnez et ne recevez pas de l'amour dans toutes les expériences de votre vie, vous allez revivre les *déprimes* les unes après les autres. Pour aller d'un niveau de conscience de soi à un autre, vous devez être en contact avec l'amour, vous devez être aimant. Dans ce livre, on vous demandera constamment si vous avez adopté un comportement aimant; ou si vous avez exprimé le mode de pensée habituel, comme la crainte, la cupidité, ou le plus courant des comportements humains : l'inconscience. Dans toutes les circonstances, la vie s'attend à ce que nous nous comportions comme des êtres qui aiment, que cela soit conscient ou non. J'espère que le travail que vous ferez dans ce livre vous aidera à garder une conscience aimante.

POUR ÊTRE UNE PERSONNE AIMANTE

Comme référence, que vous accomplissiez le travail décrit dans ce livre ou non, la façon d'être une personne aimante dans toutes vos expériences est celle-ci :

- ♥ Demandez exactement ce que vous voulez.
- ♥ Dites l'exacte vérité à propos de ce que vous voulez.
- ♥ Faites connaître aux autres ce que sont vos attentes.
- ♥ Demandez à ce que soit clarifié ce que l'on exige de vous.
- ♥ Dites la vérité au sujet de votre capacité à répondre aux attentes des autres.
- ♥ Renégociez toute entente que vous avez conclue si vous pensez ne pas être en mesure de respecter cette entente.
- ♥ Soyez fidèle à ce que vous ressentez, d'abord pour vous-même, ensuite pour les autres.
- ♥ Soyez à l'aise d'écouter ce que les autres veulent et attendent sans ressentir l'obligation de faire quelque chose.
- ♥ Ne vous déshonorez jamais ou ne reniez jamais ce que vous ressentez simplement pour faire plaisir à quelqu'un d'autre.
- ♥ Soyez prêt à abandonner ce que vous voulez ou attendez si, en faisant cela, vous répondez à un objectif plus élevé, tels que la guérison ou l'amour.
- ♥ Soyez prêt à pardonner aux gens pour les choses qu'ils ont faites ou oubliées de faire sous l'effet de la crainte ou de la colère.

♥ Bénissez chaque expérience et demandez que la volonté et la compréhension Divines soient accordées à vous et aux autres.

RETROUSSEZ VOS MANCHES !

Ce livre est conçu pour vous aider à examiner et explorer les situations qui vous ont conduit à la *déprime*. Au début, certains sujets pourraient ne pas vous sembler pertinents pour votre situation ou votre expérience. **FAITES CONFIANCE AU PROCESSUS !** Tout est pertinent et à mesure que vous avancerez dans le processus, tout ce que vous devrez savoir sera révélé.

L'idée derrière le travail sur la *déprime* est de *vous empêcher* de revivre à l'avenir la même expérience de *déprime*. Quelque chose que vous pensez, croyez, dites ou faites vous éloigne des désirs de votre cœur. Notre but est d'aller au cœur de l'affaire afin de trouver l'amour que vous pouvez donner, afin de recevoir. Votre objectif est d'identifier les éléments contribuant à votre *déprime* et de les réduire en petits morceaux comestibles, pour que vous puissiez les ingérer et les digérer. Vous écrirez beaucoup, pour mettre les choses au clair avant d'agir, et pour éviter de revivre d'autres mauvaises expériences.

Il y a certaines choses que vous pouvez faire afin de rendre votre processus de guérison de la *déprime* plus efficace :

PARDONNEZ-VOUS !

Vous n'avez jamais rien fait de mal. Maintenant vous pouvez vous pardonner pour avoir cru que c'était le cas. Oh ! j'y pense, toute autre personne que vous avez rencontrée est aussi innocente que vous d'avoir mal agi ! (Respirez ! Vous comprendrez ce que je veux dire plus tard.)

FAITES-VOUS CONFIANCE !

Parce que vous êtes l'expression unique et divine de Dieu (utilisez le terme qui vous convient le mieux), vous êtes digne et méritez la confiance, car vous savez vraiment quoi faire.

AIDEZ-VOUS !

Vous méritez un mot gentil, une bonne pensée, un geste d'amour, pour maintenant et plus tard, alors offrez-les à vous-même !

HONOREZ-VOUS !

Cessez de critiquer, de juger, de nier et d'éviter ce que vous ressentez et ce que vous êtes !

RÉCONFORTEZ-VOUS !

Prenez beaucoup de repos. Mangez des aliments sains ! Passez des moments tranquilles seul avec *vous-même*. Et n'oubliez pas d'avoir du plaisir ! Jouer est une part importante d'une bonne vie.

ENGAGEZ-VOUS !

Prenez une partie de chaque journée et utilisez-la pour faire un pas en avant en atteignant un objectif, quotidien, hebdomadaire ou mensuel !

AIMEZ-VOUS !

Vous êtes celui que le monde attend ! Vous êtes si précieux pour la vie, vous devez accorder une grande importance au fait de savoir que *vous* êtes aimé, important et désiré par Dieu !

VOUS AUREZ BESOIN D'UN BALAI

Ce livre est un processus de guérison conçu pour vous aider à vous rappeler ce que vous avez oublié; pour devenir conscient de choses dont vous n'êtes peut-être pas conscient; et pour vous aider à connaître des parties de vous-même que vous ne connaissez pas. Accomplir ceci en tout ou en partie est un processus!!! N'essayez pas de vous presser à lire ce livre. Vous tomberez ! Guérir prend du temps, donc sentez-vous à l'aise de prendre autant de temps qu'il le faut pour compléter le travail contenu dans ce livre.

Peut-être jugerez-vous plus facile d'utiliser un cahier ou un journal pour faire le travail. En ce cas, vous pouvez réutiliser une page en particulier aussi souvent que vous le jugerez nécessaire. Je vous en prie, sentez-vous à l'aise de faire et de refaire le même questionnaire aussi souvent qu'il le faudra pour passer à un étage supérieur, pour ressentir plus profondément la quiétude, ou pour clarifier davantage certaines choses. Pendant que vous écrivez, soyez fidèle à ce que vous ressentez.

Vos sentiments sont les clés dont vous avez besoin pour déverrouiller le mystère de votre *déprime*. Si, à n'importe quel moment, que vous remplissiez un questionnaire ou non, vous vous sentez envahi par le besoin d'exprimer ce que vous ressentez, vous pouvez utiliser votre journal pour aérer, capter, purifier et guérir vos expériences. Que vous soyez en colère, triste, agité, heureux, confus, frustré ou vraiment ennuyé, vous devez décompresser. C'est bon pour l'âme. Décompresser aide aussi à clarifier ce que vous ressentez dans l'intimité de votre conscience avant que vous n'arrachiez la tête de quelqu'un !

Il est aussi conseillé d'utiliser un crayon à mine plutôt qu'un stylo, car à mesure que les choses deviendront claires, vous pourriez avoir besoin d'ajouter ou d'enlever des éléments à vos réponses. Sachez que peu importe ce que vous déciderez de faire, ce sera bien.

NICE AND EASY, C'EST PLUS QU'UNE TEINTURE POUR LES CHEVEUX !!!

Compléter un exercice par jour est merveilleux. Ce serait mieux si vous en complétiez un tous les trois ou quatre jours. De cette manière, vous donnez à votre esprit et à votre âme l'occasion d'intégrer et de guérir tout ce que vous pouvez découvrir.

Vous pouvez lire ce livre de la manière que vous voulez. Vous pouvez suivre l'ordre du livre, faire un exercice à la fois. Vous pouvez vous concentrer sur un sujet ou un chapitre en particulier, et compléter ce travail en premier. Vous pouvez ouvrir le livre et simplement commencer à travailler sur une section bien précise. Vous avez plusieurs options. Si, cependant, à n'importe quel moment de la lecture de ce livre, vous êtes en train de travailler et que vous ressentez la peur, que vous vous sentez dépassé ou que votre esprit se fige, ARRÊTEZ ! Prenez quelques respirations. Étirez-vous et prenez un verre d'eau avant d'aller plus loin.

RESPIREZ !!!

J'espère qu'au cours du travail proposé dans ce livre vous aurez plusieurs révélations. Vous pourriez réaliser qu'il y a des choses que vous avez faites qui n'ont pas été dans votre meilleur intérêt. Quand cela se produit, vous pouvez être envahi par le sentiment que vous avez « *mal agi* ». Si ou quand cela arrive, prenez une respiration. Prenez une longue et profonde respiration ! Vous n'êtes pas et n'avez jamais été dans l'erreur. Vous pouvez avoir été inconscient à un moment donné, mais vous n'êtes jamais dans l'erreur ! Rappelez-vous : vous êtes là où vous devez être afin d'aller là où vous voulez aller. Respirer et libérer la peur vous aidera à aller là où vous le souhaitez.

Si, à n'importe quel moment de la lecture de ce livre, vous sentez que vous ne pouvez pas respirer ou que votre respiration est devenue pénible, ARRÊTEZ ! Fermez le livre. Prenez un bon bain chaud ou une douche. Vous pouvez essayer à nouveau une autre fois. Votre corps sait quelle charge de travail vous pouvez supporter. Ne vous mettez pas de pression. Ce n'est pas une très bonne chose à faire lorsque vous êtes dans un processus de guérison.

Avant de commencer un exercice, assurez-vous d'avoir suffisamment de temps pour compléter la démarche. Choisissez un moment et un endroit où vous ne serez pas dérangé. Peut-être voudrez-vous relaxer dans un bain d'abord. Il peut aussi être utile de faire jouer une musique apaisante. Aussi, donnez-vous la permission de participer pleinement à ce processus et à cette expérience peu importe ce qu'il en ressort. Si vous sentez le besoin d'exprimer votre colère, de crier, de pleurer, de rire ou de lancer quelque chose d'*incassable* – ALLEZ-Y ! Aucun problème ! C'est permis ! Rappelez-vous simplement de respirer. L'amour est toujours autour de vous. Respirer vous permet de faire entrer autant d'amour que nécessaire.

N'OUBLIEZ PAS DE PRENDRE SOIN DE VOUS !

Chaque section du livre fournit aussi des **Exercices d'amour** à mettre en application *avant de commencer* et *quand vous finissez* les exercices du livre. Le but de ces conseils avant et après un exercice est d'éviter la possibilité de se *noyer* dans l'océan de la peur, de la colère ou de la confusion. Cela est nécessaire afin que vous ne soyez pas submergé par les informations qui vous sont révélées à travers les pages de ce livre. Le but de ces conseils à la fin d'un exercice est de favoriser l'intégration de ce que vous avez découvert, de ce que vous vous souvenez, de ce que vous avez réalisé au cours du processus. Commencer et finir avec ces conseils est une bonne façon de coordonner les étapes de votre guérison avec les activités de votre vie quotidienne.

Il y a aussi un **Lexique** à la fin du livre. Le but du lexique est de vous aider à comprendre ce *avec* quoi vous travaillez, ce *pour* quoi vous travaillez et ce *vers* quoi vous travaillez. Si vous ne savez pas exactement comment modifier vos choix et vos approches pour une situation donnée, le lexique vous aidera à faire le bon choix.

REGARDEZ ! VOUS FEREZ DE NOUVELLES CHOSES !!!

Sur certaines pages, on vous demandera d'écrire avec votre main « faible ». Cela veut dire, si vous êtes droitier, que vous écrirez avec votre main gauche. Si vous êtes gaucher, vous écrirez avec votre main droite. L'objectif de ceci est de reprogrammer votre conscience pour ce qui concerne un enjeu précis de votre guérison. Compléter ces exercices vous demandera de la concentration et de l'énergie. Plus vous y mettrez de l'énergie, plus votre guérison sera profonde. Ne tiquez pas sur l'apparence de votre écriture ou sur le fait de pouvoir la lire ou non. Ce n'est pas un projet artistique ! C'est un processus de guérison. Guérir demande de l'énergie et des efforts.

« MAINTENANT OÙ AI-JE MIS...? »

Au fil du processus, il se peut qu'il y ait quelque chose que vous souhaitiez écrire, mais que vous ne trouviez tout simplement pas les mots. Dans ces moments, vous trouverez utile de stimuler les **Points sensibles** du cerveau.

1.   Si vous êtes droitier, placez doucement vos deuxième et troisième doigts au-dessus du centre de votre sourcil gauche. Placez votre pouce au-dessus de votre sourcil droit. Si vous êtes gaucher, placez vos deuxième et troisième doigts au-dessus de votre sourcil droit. Placez votre pouce au-dessus de votre sourcil gauche.

2.   Massez doucement ces zones pendant environ trente secondes, pendant que vous pensez sincèrement à ce que vous voulez écrire.

3.   Si les mots ne vous viennent toujours pas à l'esprit, utilisez la liste de mots-clés dans les pages suivantes pour la description de votre expérience.

Expressions positives

Accessible	Créatif	Invitant	Autonome
Affectueux	Audacieux	Aimable	Sensible
Agréable	Débonnaire	Léger	Serein
Alerte	Fiable	Aimant	Sexy
Confiant	Déterminé	Loyal	Sincère
Attentif	Enthousiaste	Mature	Apaisant
Disponible	Honnête	Objectif	Spirituel
Intrépide	Ferme	Ouvert	Spontané
Brave	Flexible	Ouvert d'esprit	Stable
Brillant	Franc	Persuasif	Fort
Calme	Vaillant	Enjoué	Lumineux
Attentionné	Doux	Heureux	Altruiste
Prudent	Généreux	Poli	Délicat
Certain	Content	Précis	Tendre
Gai	Reconnaissant	Fier	Économe
Joyeux	Noble	Rassurant	Tolérant
Impliqué	Drôle	Digne de confiance	Tranquille
Assuré	Honnête	Respectueux	Confiant
Réaliste	Humble	Responsable	Vertueux
En contrôle	Indépendant	Sûr	Vif
Cordial	Curieux	Satisfait	Chaleureux
Courage	uxInspiré	Solide	Intelligent

Expressions négatives

Apeuré
Ennuyé
Arrogant
Agressif
Ennuyant
Effronté
Brutal
Froid
Suffisant
Contrôlant
Cruel
Dangereux
Dépressif
Malhonnête
Indifférent
Envieux
Peureux
Fragile
Effrayé
Effrayant
Grognon
Dur
Immature

Impatient
Inapproprié
Intransigeant
Indiscret
Irrationnel
Jaloux
Dogmatique
Malicieux
Méchant
Étroit d'esprit
Rigide
Rude
Timide
Sournois
Radin
Sévère
Tendu
Insupportable
Occupé
Tiède
Rancunier
Incertain
Blessant

Pour une prière !

Si à un moment donné vous avez besoin de soutien ou de conseils sous forme de prières, un service 24 heures vous est offert. Les services de prière non confessionnels suivants ont du personnel disponible pour vous écouter et pour prier avec vous. (Ce ne sont pas des services d'orientation, ce sont des services de prière.) Quand vous contactez l'un de ces services, quelqu'un priera avec vous en fonction du défi auquel vous faites face. La prière change les choses ! Quand vous priez et que l'on prie pour vous, les choses sont en voie de changer.

World Ministry of Prayer
(800) 421-9600

Silent Unity
(816) 969-2000

Inner Visions
(301) 608-8750
Si vous tombez sur un message enregistré, appuyez sur le 1 pour la ligne-prière.

PRÉPAREZ-VOUS À ENTRER !

Ce livre n'est pas destiné à régler tous vos problèmes. Il est conçu pour vous aider à identifier des choses que vous faites et que vous pourriez faire d'une manière plus aimante. Ne présumez pas, même si vous êtes dans la *déprime*, que vous êtes pire que les autres. Il peut y avoir des exercices qui ne vous concernent pas spécifiquement. Il peut y avoir des questions qui semblent complètement impertinentes. Pas de problèmes ! Ce livre est conçu pour vous faire réfléchir et simplifier le processus vous conduisant à faire de meilleurs choix dans votre vie en général et dans vos relations en particulier. À la fin du processus, vous réaliserez que vous êtes le Bien-Aimé. Au cours du processus, vous constaterez qui est le Bien-Aimé et ce que le Bien-Aimé fait. À mesure que vous avancerez vers une plus grande connaissance de vous-même, en reconnaissant ce que vous faites et en vous acceptant comme vous êtes, sans jugements ni critiques, un état d'esprit plus aimant s'ensuivra et le Bien-Aimé apparaîtra dans toute sa clarté.

Je vous souhaite des jours remplis d'amour, des expériences remplies d'amour et un état d'esprit rempli d'amour. Vous êtes le Bien-Aimé et tout ce que vous êtes, JE LE SUIS !

LE SOUS-SOL

Si je vous demandais de faire la liste de toutes les personnes méprisables, mauvaises, sales, pourries, méchantes que vous avez rencontrées dans votre vie, de quelle longueur serait la liste ? Si je vous demandais de voir combien de fois vous avez été blessé, trompé, utilisé, abusé, quitté sans ménagement, combien de temps cela vous prendrait-il ? Devinez quoi ? Je ne vous demanderai rien de tout cela. Car aujourd'hui plus rien de tout cela n'est important ! Aujourd'hui vous commencerez à réaliser que la seule relation qui compte, c'est celle que vous entretenez avec vous. Aujourd'hui vous commencerez à construire une nouvelle, une meilleure relation. Alors jetez vos vieilles affaires !

Dans chacun des questionnaires qui suivent, on vous posera une série de questions conçues pour vous aider à prendre conscience de vos comportements habituels, des émotions, des expériences et des croyances qui peuvent vous empêcher d'exprimer l'amour ou d'en faire l'expérience. Il n'y a pas de « bonnes » réponses aux questions. La clé est de répondre aussi honnêtement que possible à chaque question. Ceci signifie habituellement répondre la première idée qui vous vient à l'esprit. Votre première idée est souvent la plus vraie.

Assurez-vous de lire la liste des **Exercices d'amour** avant de commencer chacune des sections. Une fois que vous aurez complété une section, sentez-vous à l'aise de relire vos réponses et de noter toute pensée ou tout autre sentiment que vous pourriez avoir. Quand vous pensez avoir fini, que plus rien ne vous vient à l'esprit, faites les **Exercices d'amour en guise de conclusion**. Peut-être trouverez-vous utile de faire une copie de la page avant de commencer ou d'utiliser un cahier. De cette façon, vous pouvez recommencer n'importe quel exercice aussi souvent que vous le désirez afin de gagner en clarté et en concision.

Je vous souhaite l'amour !

Exercices d'amour

Avant de commencer une section du livre, soyez attentif à vous-même. Lisez chacune des phrases suivantes en silence, puis ensuite répétez chacune d'elles à voix haute. Vos paroles ont du pouvoir ! Les mots créent un environnement et une expérience. Vous êtes libre de remplacer le mot « Dieu » par n'importe quel mot qui vous convient mieux.

Je me permets désormais d'être en présence de l'amour de Dieu.

Je me donne désormais la permission de sentir la présence de l'amour de Dieu.

J' ouvre désormais mon cœur et mon esprit à la force de guérison de l'amour de Dieu.

Je soumets désormais ma foi au pouvoir et à la présence de l'amour de Dieu.

J'accepte désormais et j'affirme qu'il n'y a rien que j'ai fait, que je peux faire, que je ferai ou vivrai qui peut m'éloigner de l'amour de Dieu.

Je m'offre désormais l'amour de Dieu et je l'étends à toute personne impliquée dans mon expérience de la vie.

Je suis reconnaissant du fait que l'amour de Dieu se révèle à moi.

Si vous ne donnez ni ne recevez de l'amour dans toutes les expériences de votre vie, vous revivrez les expériences de déprime *les unes après les autres. Afin de passer d'un niveau de conscience à un autre, d'un niveau de prise de conscience de soi à un autre, vous devez partir de l'amour, vous devez adopter une attitude aimante.* **Vous devez – FAIRE LE MÉNAGE !**

METTEZ DE L'ORDRE

DÈS MAINTENANT

DANS VOS VIEILLES IDÉES RIGIDES

ET DESTRUCTRICES

ET ÉVALUEZ HONNÊTEMENT

VOS CROYANCES

SUR LA VIE

ET

SUR L'AMOUR.

VOUS DEVEZ VOUS REGARDER DROIT DANS LES YEUX !

Parce que *je me connais moi-même*, je sais que *vous vous demandez probablement* : « Qu'arrive-t-il s'il y a plusieurs réponses ? Supposons que je suis déçu et que je me sens trahi à cause de ce qu'une personne m'a fait, mais que je veux trouver ma responsabilité. Afin de survivre à la *déprime* avec le minimum de confusion, vous devez : *faire le ménage*.

L'expérience de la *déprime* est une occasion divine de faire le ménage dans votre esprit, afin de faire de meilleurs choix, des choix plus conscients. Comment cela peut-il être accompli ? Vous devez faire appel aux trois mots suivants :

Conscience

Qu'est-ce que vous faites lorsque vous avez peur, que vous êtes en colère, que vous êtes anxieux, que vous doutez, que vous êtes sous pression ou en perte de contrôle ?

Reconnaissance

Une fois que vous réalisez ce que vous faites, ne dites pas que vous ne le faites pas, et ne cherchez pas des excuses. Vous pouvez faire un choix conscient pour changer vos réactions et changer les conséquences de n'importe quelle situation.

Acceptation

Apprenez à accepter que ce que vous faites est une partie importante de votre apprentissage et voyez si c'est la meilleure manière d'obtenir ce que vous dites vouloir.

POUR ÊTRE CONSCIENT

Pensez à une situation récente à laquelle vous avez réagi par la **colère**. Qu'avez-vous fait ? (Si vous n'êtes pas certain, voyez la liste des comportements d'une personne aimante à la **page 15.**)

Étiez-vous capable de reconnaître que vous agissiez sous le coup de la colère ? Comment cela s'est-il passé ?

Étiez-vous capable d'avouer aux autres personnes impliquées que vous agissiez sous le coup de la colère ? Qu'avez-vous dit ou fait ? Si non, pourquoi ?

POUR SAVOIR RECONNAÎTRE

Complétez chacune des phrases suivantes après avoir réexaminé vos réactions des **pages 31-32.**

Je suis maintenant conscient que lorsque je suis en colère, je suis sujet à

Ce qui me rend

La prochaine fois que je serai en colère, je peux choisir de

De cette façon j'éviterai

POUR ÊTRE CONSCIENT

Pensez à une situation récente à laquelle vous avez réagi par la **peur**. Qu'avez-vous fait ? (si vous n'êtes pas certain, voyez la liste des comportements d'une personne aimante à la **page 15.**)

Étiez-vous capable de reconnaître que vous aviez peur ? Comment avez-vous fait cela ?

Étiez-vous capable d'avouer aux autres personnes impliquées que vous aviez peur ? Qu'avez-vous dit ou fait ? Si non, pourquoi ?

POUR SAVOIR RECONNAÎTRE

Complétez chacune des phrases suivantes après avoir réexaminé vos réactions de la **page 33.**

Je suis maintenant conscient que lorsque j'ai peur, je suis sujet à

Ce qui me rend

La prochaine fois que j'aurai peur, je peux choisir de

De cette façon j'éviterai

Vous pouvez choisir de quelle manière vous réagirez à toutes les expériences. Même les bonnes. Cependant, vous pouvez réagir avec une plus grande conscience seulement si vous êtes devenu *conscient*, *reconnaissant* et que vous *acceptez* ce que vous faites lorsque vous êtes inconscient. Dans la très grande majorité des cas, ce n'est pas un *événement actuel* qui cause nos bouleversements. C'est notre *façon de réagir à l'événement*. Ceci ne veut pas dire qu'une réaction particulière est bonne ou mauvaise. Cela ne veut pas dire non plus qu'il n'existe pas des situations qui peuvent être très difficiles à affronter. Le décès d'un être cher ou la maladie sont deux expériences difficiles qui viennent à l'esprit. Notre but est de déterminer si une réaction donnée est fondée sur la peur ou sur l'amour. Une réaction fondée sur la peur cause de la souffrance, alors qu'une réaction fondée sur l'amour mène à la liberté, à de meilleurs choix et elle augmente la capacité de conscience. Comprendre les trois mots que nous avons vus aide à choisir des réactions fondées sur l'amour plutôt que sur la peur.

COMMENT EST ARRIVÉ TOUT CE DÉSORDRE ?

En plus de vos réactions fondées sur la peur, vous devez devenir conscient et reconnaître vos réactions inconscientes habituelles. Ces réactions sont habituellement apprises. Elles reflètent ce que vous avez vu autour de vous. Les réactions habituelles sont tellement une partie de ce que vous êtes et de ce que vous faites que vous ne les reconnaissez probablement pas comme des éléments qui vous empêchent d'obtenir l'amour que vous voulez.

La peur, la colère, la mauvaise interprétation de vos expériences et vos jugements personnels sur les autres sont le fondement de la plupart des défis que vous rencontrez dans votre vie. Rien ne contribue plus à ces événements apparemment malheureux que vos réactions inconscientes – la manière de faire ce que vous faites. Ce sont des choses que vous savez que vous faites inconsciemment.

La capacité de reconnaître les réactions inconscientes fournit l'occasion de faire des meilleurs choix. Comprendre ces réactions vous fournira aussi des réponses aux questions : « Qu'est-ce que j'ai fait ? » et « Pourquoi cela m'est-il arrivé ? ». Rappelez-vous : aucune réaction n'est intrinsèquement bonne ou mauvaise. Gardez à l'esprit que l'objectif du travail de guérison est de faciliter la prise de conscience et l'acceptation de ce que vous faites.

ÉVITEZ LE DÉSORDRE !

Lutter est une réponse fondée sur la peur à une expérience désagréable. Voici quelques réactions typiques de lutte :

♥ Vous entendez ce qui se passe dans votre tête au lieu d'entendre ce que l'autre personne dit. Cela signifie habituellement que vous entendez des choses qui n'ont pas été dites et que vous essayez de convaincre la personne que c'est ce qu'elle dit vraiment. En fait, vous réagissez à ce que vous croyez que la personne pense de vous. Cela conduit toujours à une lutte !

♥ Vous défiez le droit, l'autorité, la capacité intellectuelle de la personne de dire ou de faire ce qu'elle fait ou dit. *Vous croyez* qu'elle pense qu'elle est meilleure, plus intelligente ou plus quelque chose que vous, et vous mourez d'envie de lui faire savoir. Quand vous ne dites pas ce que vous voulez dire au moment où vous voulez le dire, la lutte est inévitable.

♥ Vous croyez que la survie est un problème et que votre survie dépend d'une personne ou d'une situation. Quand la survie est un problème, vous allez lutter pour rester en vie.

♥ Si vous êtes contrôlant, vous lutterez au moindre indice que vous êtes en train de perdre le contrôle sur une personne ou une situation.

Pensez à une situation récente dans votre vie où vous vous êtes senti obligé de vous battre ou de vous défendre. Qu'avez-vous fait ? (Si vous n'êtes pas certain, consultez la liste des comportements d'une personne aimante à la **page 15.**)

Comment vous sentiez-vous après votre réaction ?

POUR SAVOIR RECONNAÎTRE

Complétez chacune des phrases suivantes après avoir réexaminé vos réactions ci-dessus.

Je suis désormais conscient que je lutte afin de

Ce qui me rend

La prochaine fois que je voudrai lutter, je peux choisir de

De cette manière j'éviterai

NE RECULEZ PAS DEVANT LE DÉSORDRE

Reculer veut dire fuir, afin d'éviter, de repousser une situation désagréable jusqu'à un moment indéterminé dans un futur pas si rapproché. Voici quelques-unes des réactions de fuite les plus communes :

♥ De ne jamais avoir le temps de vous occuper de quelque chose dont vous savez que vous devez vous occuper.

♥ Trouver des excuses pour ne pas vous être occupé de ce vous saviez devoir vous occuper éventuellement.

♥ Voir quelque chose et faire semblant que c'est autre chose. Ceci s'appelle aussi le refus *d'appeler un chat un chat* ! En d'autres mots, le déni !

♥ Voir quelque chose, savoir ce que c'est et demander l'avis de quelqu'un d'autre. Quand cet avis est différent de ce que vous savez que vous savez, vous l'acceptez de toute façon. Quand cet avis est le même que celui que vous savez que vous savez, vous demandez à quelqu'un d'autre.

Pensez à une situation récente dans votre vie que vous vous êtes senti obligé de fuir ou d'éviter. (Si vous n'êtes pas certain, voyez la liste des comportements d'une personne aimante à la **page 15.**)

Comment vous êtes-vous senti après votre réaction ?

POUR SAVOIR RECONNAÎTRE

Complétez chacune des phrases suivantes en utilisant les réponses que vous avez données ci-dessus.

Je suis désormais conscient que je fuis afin de

Ce qui me rend

La prochaine fois que je voudrai fuir, je peux choisir de

De cette manière j'éviterai

NE VOUS CACHEZ PAS DEVANT LE DÉSORDRE !

Se cacher est une autre réaction commune fondée sur la peur. Cela est différent de la fuite, car lorsque vous vous cachez, vous refusez d'être trouvé. Voici quelques-unes des réactions communes de dissimulation :

- ♥ Manger, dormir, regarder la télévision, travailler tout le temps à ou jusqu'à une heure impossible.
- ♥ Refuser de répondre au téléphone ou utiliser un afficheur afin de choisir avec qui vous parlerez quand vous n'êtes pas impliqué dans une autre activité.
- ♥ Être malade, ennuyé, dépressif, fâché tout le temps sans essayer de comprendre pourquoi.

Quand vous ne voulez pas vous occuper d'une situation désagréable ou inconfortable, comment vous cachez-vous ?

POUR SAVOIR RECONNAÎTRE

Complétez chacune des phrases suivantes en utilisant les réponses que vous avez données ci-dessus.

Je suis désormais conscient que je me cache afin de

Ce qui me rend

La prochaine fois que je voudrai me cacher, je peux choisir de

De cette manière j'éviterai

NE VOUS EFFACEZ PAS DEVANT LE DÉSORDRE !

Ceci s'appelle communément la « soumission ». La soumission est une réaction fondée sur la peur qui se produit lorsque vous n'avez pas le courage, la force, l'endurance ou la présence d'esprit de dire ce que vous pensez, de parler de ce que vous ressentez ou de demander ce que vous voulez. Vous vous soumettrez aussi lorsque vous craignez l'autorité ou que vous croyez que votre survie est en jeu. Voici ce à quoi la soumission peut ressembler :

♥ Vous déterminez ce qu'une personne veut de vous ou ce qu'une situation vous exige, puis vous capitulez, même si cela vous rend malade.

♥ Vous avez une opinion, un désir, un besoin ou une idée, mais vous ne l'exprimez pas pour éviter la confrontation.

♥ Vous avez une opinion, un désir, un besoin ou une idée, mais vous pensez que ce n'est pas correct ou que personne ne sera d'accord avec vous. En fait, vous niez votre vérité.

♥ Vous ne dites rien à qui que ce soit parce que vous essayez d'être gentil.

♥ Vous ne dites rien à qui que ce soit parce que vous voulez éviter les critiques.

Dans quelles conditions vous sentez-vous le plus obligé de vous soumettre à la volonté des autres ou aux conditions de ce qui vous entoure ?

Quand vous vous soumettez, que faites-vous ?

Quand vous vous soumettez, comment vous sentez-vous ?

POUR SAVOIR RECONNAÎTRE

Complétez chacune des phrases suivantes en utilisant les réponses que vous avez données ci-dessus.

Je suis désormais conscient que je me soumets afin de

Ce qui me rend

La prochaine fois que je voudrai me soumettre, je peux choisir de

De cette manière j'éviterai

N'ATTAQUEZ PAS LE DÉSORDRE !

L'attaque est un signe certain que la peur vous a fait perdre la tête !
L'attaque se distingue de la lutte en ce que lorsque vous attaquez, ce
que vous dites ou faites n'a absolument aucun sens – même pour vous.
Votre façon de réagir à la situation n'est pas ajustée à l'importance de
la situation. Quand vous attaquez :

♥ Vous lancez des commentaires insultants, désobligeants,
humiliants au sujet des attributs physiques ou intellectuels d'une
personne ou de sa mère.
♥ Vous jurez, hurlez, lancez des choses ou faites des menaces
d'attaque physique.
♥ Vous causez effectivement des blessures physiques.
♥ Vous menacez de vous infliger des blessures corporelles.
♥ Vous jouez le jeu du « Regarde ce que tu as fait ! » ou du « Un
tel le fait aussi ! ».
♥ Vous appelez votre avocat ou vous menacez d'appeler votre
avocat.

Dans quelles conditions vous sentez-vous le plus obligé   d'attaquer ?

Quand vous attaquez, que faites-vous ?

Quand vous attaquez, comment vous sentez-vous ?

POUR SAVOIR RECONNAÎTRE

Complétez chacune des phrases suivantes en utilisant les réponses que vous avez données ci-dessus.

Je suis désormais conscient que j'attaque afin de

Ce qui me rend

La prochaine fois que j'attaquerai, je peux choisir de

De cette manière j'éviterai

Maintenant respirez longuement et profondément. Vous avez traité beaucoup d'informations et VOUS AVEZ BIEN RÉUSSI ! La liste des descriptions n'est pas du tout exhaustive. C'est seulement pour vous aider à démarrer, pour vous aider à comprendre ce que vous faites, ce que vous avez fait et ce que *vous pouvez choisir de ne plus faire à nouveau*. Il est important que vous soyez capable d'identifier votre M.O. (modus operandi), car il recèle d'importants indices qui vous aideront à surmonter la *déprime*. Personne ne vous jugera, à moins que vous ne vous jugiez vous-même. Peu importe ce que vous faites ou comment vous le faites, si vous souhaitez vraiment comprendre votre vrai Soi et trouver l'amour qui est une partie de ce Soi, vous devez être conscient de ce qui n'est pas aimant dans ce que vous faites. Quand vous commencez à devenir conscient, vous pouvez faire un autre choix.

Avant que vous ne débutiez une autre partie du voyage, prenez quelques profondes respirations. Assurez-vous d'être calme. Vous pouvez penser à une situation agréable ou paisible. Si rien ne vous vient à l'esprit, essayez de réciter l'adaptation suivante d'une **Prière de protection :**

La lumière de Dieu m'entoure.
L'amour de Dieu m'enveloppe.
La puissance de Dieu me protège.
La présence de Dieu veille sur moi.
Partout où je suis, Dieu y est aussi.
Où il y a Dieu, il y a la vérité, la paix, la force et l'amour.

ARRÊTEZ-VOUS ICI !
VOUS AVEZ COMPLÉTÉ UN EXERCICE.

Note d'amour
PARTOUT OÙ JE SUIS...
DIEU Y EST AUSSI !

Exercices d'amour en guise de conclusion
Lisez chacune des phrases suivantes en silence puis ensuite
répétez-les à voix haute.

Je suis désormais disposé, capable et prêt à éliminer les
comportements inconscients qui se dressent entre moi et l'amour.

Je suis désormais *disposé* à pardonner. Je suis désormais *disposé* à
me libérer. Je suis désormais *disposé* à être protégé.

Je suis désormais *capable* de pardonner. Je suis désormais *capable*
de me libérer. Je suis désormais *capable* d'être protégé.

Je suis désormais *prêt* à pardonner. Je suis désormais *prêt* à me
libérer. Je suis désormais *prêt* à être protégé.

Je suis le Bien-Aimé. Rien ni personne ne peuvent changer la vérité
de mon être.

Pour cela je suis très reconnaissant.

Qu'il en soit ainsi !

LE PREMIER ÉTAGE

C'est ici ! L'endroit le plus frustrant dans votre vie. C'est un endroit où vous savez que quelque chose ne fonctionne pas. Est-ce que ce pourrait être vous ? C'est aussi un endroit où même si vous saviez exactement ce qui se passe, vous n'auriez pas la force, le courage ou la présence d'esprit de savoir quoi faire. En d'autres mots, vous êtes à un endroit où il y a de la fatigue, de la confusion, de la frustration et de l'anxiété. Et la dernière chose que vous voulez faire est de travailler. Alors, ressaisissez-vous ! Vous ne pouvez vous arrêter maintenant ! Prenez une profonde respiration et préparez-vous à travailler.

Dans chacun des questionnaires qui suivent, on vous posera une série de questions conçues pour vous soutenir dans la guérison et la libération des pensées, des émotions, des perspectives et des comportements improductifs. Il n'y a pas de bonnes réponses à ces questions. La clé est de répondre à chaque question aussi honnêtement que possible. Ceci veut dire habituellement répondre avec la première idée qui vient à l'esprit. Votre première idée est souvent la plus vraie.

Assurez-vous de compléter les **Exercices d'amour** avant de commencer un questionnaire. Une fois que vous aurez complété le questionnaire, sentez-vous à l'aise de relire vos réponses et de noter toute pensée ou tout autre sentiment que vous pourriez avoir. Quand vous pensez avoir fini, que plus rien ne vous vient à l'esprit, complétez les **Exercices d'amour en guise de conclusion.** Peut-être trouverez-vous utile de faire une copie de la page avant de commencer ou d'utiliser un cahier. De cette façon, vous pourrez recommencer n'importe quel exercice aussi souvent que vous le désirez afin de gagner en clarté et en concision.

Je vous souhaite l'amour !

Exercices d'amour

Avant de commencer une section du livre, soyez attentif à vous-même. Lisez chacune des phrases suivantes en silence, puis ensuite répétez chacune d'elles à voix haute. Vos paroles ont du pouvoir ! Les mots créent un environnement et une expérience. Vous êtes libre de remplacer le mot « Dieu » par n'importe quel mot qui vous convient mieux.

Je me permets désormais d'être en présence de l'amour de Dieu.

Je me donne désormais la permission de sentir la présence de l'amour de Dieu.

J' ouvre désormais mon cœur et mon esprit à la force de guérison de l'amour de Dieu.

Je soumets désormais ma foi au pouvoir et à la présence de l'amour de Dieu.

J'accepte désormais et j'affirme qu'il n'y a rien que j'ai fait, que je peux faire, que je ferai ou vivrai qui peut m'éloigner de l'amour de Dieu.

Je m'offre désormais l'amour de Dieu et je l'étends à toute personne impliquée dans mon expérience de la vie.

Je suis reconnaissant du fait que l'amour de Dieu se révèle à moi.

IDENTIFIER VOS COMPORTEMENTS AMOUREUX

Nous sommes sur le point d'identifier l'énergie avec laquelle vous grandissez. Pour y arriver, nous appellerons vos réactions aux questions suivantes vos « *comportements amoureux* ». Répondre aux questions suivantes peut vous aider à voir plus clair sur ce qui vous pousse à agir dans la vie et dans vos relations. Rappelez-vous que rien, incluant vous, ne peut être dans l'erreur. Alors, toute tentative pour répondre aux questions doit être faite honnêtement, sans jugements, sans critiques et sans censurer ce que vous écrivez. Quand vous aurez complété cet exercice, vous aurez tous les outils, l'ABC de votre expérience en amour. Bien sûr, même à votre âge, vous pouvez, si vous le voulez, réapprendre votre ABC !

Les réponses aux questions de cette section n'ont pas à être limitées aux parents. Le processus peut s'étendre à toutes les personnes proches (par exemple la grand-mère, le grand-père, la tante, l'oncle, la mère adoptive, le père adoptif, etc.). Vous pouvez aussi compléter cette section même si la personne en question est encore en vie ou non. S'il y avait plus qu'une personne en charge de vous, vous pouvez utiliser cet exercice pour chacune d'elles.

ENQUÊTE SUR VOS COMPORTEMENTS AMOUREUX

A. Ce que ma mère m'a enseigné au sujet de l'amour, c'est

B. Elle m'a enseigné cela en

C. Traduisez votre réponse à la question précédente en trois mots. Ma mère m'enseignait que l'amour, c'est

D. Utilisez les trois mots précédents pour compléter cette phrase : Je **sens** que l'amour, c'est

E. Ce que mon père m'a enseigné au sujet de l'amour, c'est

F. Il m'a enseigné cela en

G. Traduisez votre réponse à la question précédente en trois mots. Mon père m'enseignait que l'amour, c'est

H. Utilisez les trois mots précédents pour compléter cette phrase : Je **pense** que l'amour, c'est

I. Ma première véritable expérience amoureuse fut

J. Suite à cette expérience, j'ai appris

K. Traduisez votre réponse à la question précédente en trois mots. Ma propre expérience m'a enseigné que l'amour, c'est

L. Utilisez les trois mots précédents pour compléter cette phrase : Je **sais** que l'amour, c'est

M. Lorsque j'étais enfant, l'amour que je voyais à la maison/ autour de moi ressemblait à

N. Cela me rendait

O. Traduisez votre réponse à la question précédente en trois mots. L'amour que j'ai vu en grandissant m'a enseigné que l'amour, c'est

P. Utilisez les trois mots précédents pour compléter cette phrase : Je **crois** que l'amour, c'est

Revoyez vos réponses aux questions précédentes et complétez chacune des phrases suivantes

Q. **Je *sens* que l'amour, c'est**

R. **Je *pense* que l'amour, c'est**

S. **Je *sais* que l'amour, c'est**

T. **Je *crois* que l'amour, c'est**

U. Portez votre attention sur une relation présente ou récente et complétez la phrase suivante :
La relation que j'ai/ que j'ai eue avec _____ est

V. Cette relation me rend/ m'a rendu

W. Traduisez cette expérience en trois mots.

Comparez ces trois mots à vos réponses aux items D, G et K. Comment ces mots viennent en accord ou en conflit avec ce que vous sentez, pensez, savez, croyez au sujet de l'amour ? (*Réexaminez vos réponses aux items Q, R, S et T.*)

X. Ma réponse est en accord avec ce que je sens / pense / sais / crois au sujet de l'amour car

Y. Ma réponse est en conflit avec ce que je sens / pense / sais / crois au sujet de l'amour car

Z. Je suis désormais conscient que mon expérience de l'amour me rend

Je choisis désormais de vivre l'amour de manière à ce que je me sente

ÉCRIVEZ LES PHRASES SUIVANTES NEUF FOIS

(Utilisez votre main faible. Si vous êtes droitier, utilisez votre main gauche. Si vous êtes gaucher, utilisez votre main droite.)

Maintenant je me pardonne pour avoir cru que j'étais dans l'erreur.

Maintenant je me pardonne pour avoir cru que quelqu'un d'autre était dans l'erreur.

ARRÊTEZ-VOUS ICI !
VOUS AVEZ COMPLÉTÉ UN EXERCICE.

Note d'amour
MÊME QUAND MON PÈRE ET MA MÈRE ME LARGUENT,
L'AMOUR, LA LUMIÈRE, LA PUISSANCE DE DIEU PEUVENT
ET POURRONT ME SOULEVER !

Exercices d'amour en guise de conclusion
Lisez chacune des phrases suivantes en silence puis ensuite répétez-les à voix haute.

Je suis désormais disposé, capable et prêt à éliminer les comportements inconscients qui se dressent entre moi et l'amour

Je suis désormais *disposé* à pardonner. Je suis désormais *disposé* à me libérer. Je suis désormais *disposé* à être protégé.

Je suis désormais *capable* de pardonner. Je suis désormais *capable* de me libérer. Je suis désormais *capable* d'être protégé.

Je suis désormais *prêt* à pardonner. Je suis désormais *prêt* à me libérer. Je suis désormais *prêt* à être protégé.

Je suis le Bien-Aimé. Rien ni personne ne peuvent changer la vérité de mon être.

Pour cela je suis très reconnaissant.

Qu'il en soit ainsi !

Revoir vos réflexes émotionnels

Le féminin, la mère représentent le cœur. Vos premières expériences avec l'énergie féminine créent l'essence de ce que vous ressentez. Cette section peut être utilisée pour n'importe quel tuteur féminin (par exemple la grand-mère, la tante, la mère adoptive, etc.). Cela peut être utilisé même si la personne en question est en vie ou non. Si vous aviez plus d'un tuteur féminin, vous pouvez utiliser cet exercice pour chacune d'elles. *Avant de commencer,* ***allez aux Exercices d'amour***.

A. Dans ses meilleurs moments, ma relation avec mère est / était

B. Je pense à/ je me souviens de ma mère comme ayant été (*utilisez les expressions positives*)

C. Cela me rend/ m'a rendu

D. La meilleure chose dont je me souviens au sujet de notre relation est

E. Cela me rend/ m'a rendu

F. La chose la plus tendre que ma mère a dite/ a faite

G. Cela me rend/ m'a rendu

H. Dans ses pires moments, ma relation avec ma mère est/ était

I. Je pense/ je me souviens de ma mère comme ayant été (*utilisez les expressions négatives*)

J. Cela me rend/ m'a rendu

K. La pire chose dont je me souviens au sujet de notre relation est

L. Cela me rend/ m'a rendu

M. La chose la moins tendre que ma mère a dite/ a faite a été

N. Cela me rend/ m'a rendu

O. La chose que je voudrais que ma mère fasse/ ait faite pour moi est

P. La chose que je voudrais que ma mère ne fasse pas/ n'ait pas faite pour moi est

Q. La chose que je pourrais faire/ pourrais avoir faite pour ma mère est

R. Ce que je voudrais dire à ma mère au sujet de notre relation est

S. La personne dans ma vie aujourd'hui qui me rappelle ma mère est

T. Je vois cette personne comme étant (*utilisez si nécessaire les expressions positives et négatives*)

U. Cela me rend

V. Ma relation avec cette personne est

W. Cela me rend

X. La chose la plus tendre que cette personne fait/ a faite pour moi est

Y. Cette relation me rappelle ma relation avec ma mère car (*réexaminez votre réponse à A*)

Z. Cette relation est différente de ma relation avec ma mère car

POUR ÊTRE CONSCIENT

A. Je suis désormais conscient que ma relation avec ma mère m'enseigne/ m'a enseigné que l'amour rend (*réécrivez vos réponses à C, E et G*)

B. Ce que j'apprends/ ai appris et suis disposé à guérir est la croyance que l'amour vous rend aussi (*réécrivez vos réponses à J, L et N*)

C. Pour faciliter cette guérison, je suis disposé à

D. Je choisis de vivre l'amour d'une manière qui me rend

ÉCRIVEZ LES PHRASES SUIVANTES NEUF FOIS

(Utilisez votre main faible. Si vous êtes droitier, utilisez votre main gauche. Si vous êtes gaucher, utilisez votre main droite.)

Maintenant je me pardonne pour avoir cru que ma mère était dans l'erreur.

Maintenant je me pardonne pour avoir cru que quelqu'un d'autre était dans l'erreur.

ARRÊTEZ-VOUS ICI !
VOUS AVEZ COMPLÉTÉ UN EXERCICE.

Note d'amour
LE PASSÉ EST LE FUTUR CACHÉ
LE PRÉSENT EST LE PASSÉ RÉVÉLÉ

Exercices d'amour en guise de conclusion
Lisez chacune des phrases suivantes en silence puis ensuite répétez-les à voix haute.

Je suis désormais disposé, capable et prêt à éliminer les comportements inconscients qui se dressent entre moi et l'amour.

Je suis désormais *disposé* à pardonner. Je suis désormais *disposé* à me libérer. Je suis désormais *disposé* à être protégé.

Je suis désormais *capable* de pardonner. Je suis désormais *capable* de me libérer. Je suis désormais *capable* d'être protégé.

Je suis désormais *prêt* à pardonner. Je suis désormais *prêt* à me libérer. Je suis désormais *prêt* à être protégé.

Je suis le Bien-Aimé. Rien ni personne ne peuvent changer la vérité de mon être.

Pour cela je suis très reconnaissant.

Qu'il en soit ainsi !

Revoir vos réflexes mentaux

Le masculin, le père représentent l'esprit. Vos premières expériences avec l'énergie masculine créent l'essence de ce que vous pensez. Cette section peut être utilisée pour n'importe quel tuteur masculin (par exemple le grand-père, l'oncle, le père adoptif, etc.). Cela peut être utilisé même si la personne en question est en vie ou non. Si vous aviez plus d'un tuteur masculin, vous pouvez utiliser cet exercice pour chacun d'eux. D'abord, **allez aux Exercices d'amour.**

A. Dans ses meilleurs moments, ma relation avec mon père est/ était

B. Je pense à/ je me souviens de mon père comme ayant été (*utilisez si nécessaire les expressions positives et négatives*)

C. Cela me rend/ m'a rendu

D. La meilleure chose dont je me souviens au sujet de notre relation est

E. Cela me rend/ m'a rendu

F. La chose la plus tendre que mon père a dite/ a faite

G. Cela me rend/ m'a rendu

H. Dans ses pires moments, ma relation avec mon père est/ était

I. Je pense à/ je me souviens de mon père comme ayant été

J. Cela me rend/ m'a rendu

K. La pire chose dont je me souviens au sujet de notre relation est

L. Cela me rend/ m'a rendu

M. La chose la moins tendre que mon père a dite/ a faite a été

N. Cela me rend/ m'a rendu

O. La chose que je voudrais que mon père fasse/ ait faite pour moi est

P. La chose que je voudrais que mon père ne fasse pas/ n'ait pas faite pour moi est

Q. La chose que je pourrais faire/ avoir faite pour mon père est

R. Ce que je voudrais dire à mon père au sujet de notre relation est

S. La personne dans ma vie aujourd'hui qui me rappelle mon père est

T. Je vois cette personne comme étant (*utilisez si nécessaire les expressions positives et négatives*)

U. Cela me rend

V. Ma relation avec cette personne est

W. Cela me rend

X. La chose la plus tendre que cette personne fait/ a faite pour moi est

Y. Cette relation me rappelle ma relation avec mon père car (*réexaminez votre réponse à A*)

Z. Cette relation est différente de la relation avec mon père car

POUR ÊTRE CONSCIENT

A. Je suis désormais conscient que ma relation avec mon père m'enseigne/ m'a enseigné que l'amour rend (*réécrivez vos réponses à C, E et G*)

B. Ce que j'apprends/ ai appris et suis disposé à guérir est la croyance que l'amour vous rend aussi

C. Pour faciliter cette guérison, je suis disposé à

D. Je choisis de vivre l'amour d'une manière qui me rend

ÉCRIVEZ LES PHRASES SUIVANTES NEUF FOIS

(Utilisez votre main faible. Si vous êtes droitier, utilisez votre main gauche. Si vous êtes gaucher, utilisez votre main droite.)

Maintenant je me pardonne pour avoir cru que mon père était dans l'erreur.

Maintenant je me pardonne pour avoir cru que quelqu'un d'autre était dans l'erreur.

ARRÊTEZ-VOUS ICI !
VOUS AVEZ COMPLÉTÉ UN EXERCICE.

Note d'amour
NE VOUS LAISSEZ PAS TROMPER PAR LES APPARENCES !
VOUS POUVEZ TOUJOURS COMPTER SUR
L'AMOUR DE DIEU.

Exercices d'amour en guise de conclusion
Lisez chacune des phrases suivantes en silence puis ensuite
répétez-les à voix haute.

Je suis désormais disposé, capable et prêt à éliminer les
comportements inconscients qui se dressent entre moi et l'amour.

Je suis désormais *disposé* à pardonner. Je suis désormais *disposé* à
me libérer. Je suis désormais *disposé* à être protégé.

Je suis désormais *capable* de pardonner. Je suis désormais *capable*
de me libérer. Je suis désormais *capable* d'être protégé.

Je suis désormais *prêt* à pardonner. Je suis désormais *prêt* à me
libérer. Je suis désormais *prêt* à être protégé.

Je suis le Bien-Aimé. Rien ni personne ne peuvent changer la vérité
de mon être.

Pour cela je suis très reconnaissant.

Qu'il en soit ainsi !

Comprendre
Ce qui
Vous
Provoque
évitera une révolte !

Exercices d'amour

Avant de commencer une section du livre, soyez attentif à vous-même. Lisez chacune des phrases suivantes en silence, puis ensuite répétez chacune d'elles à voix haute. Vos paroles ont du pouvoir ! Les mots créent un environnement et une expérience. Vous êtes libre de remplacer le mot « Dieu » par n'importe quel mot qui vous convient mieux.

Je me permets désormais d'être en présence de l'amour de Dieu.

Je me donne désormais la permission de sentir la présence de l'amour de Dieu.

J' ouvre désormais mon cœur et mon esprit à la force de guérison de l'amour de Dieu.

Je soumets désormais ma foi au pouvoir et à la présence de l'amour de Dieu.

J'accepte désormais et j'affirme qu'il n'y a rien que j'ai fait, que je peux faire, que je ferai ou vivrai qui peut m'éloigner de l'amour de Dieu.

Je m'offre désormais l'amour de Dieu et je l'étends à toute personne impliquée dans mon expérience de la vie.

Je suis reconnaissant du fait que l'amour de Dieu se révèle à moi.

POUR SAVOIR RECONNAÎTRE

Maintenant que vous êtes conscient de vos comportements amoureux, de vos comportements fondés sur la peur et de vos réactions inconscientes, voyons comment tout cela s'agence dans le contexte de vos relations. Dans le sens utilisé dans ce livre, une relation réfère à votre interaction avec les gens et pas seulement avec ceux à qui vous êtes amoureusement lié. Sentez-vous à l'aise d'utiliser ces pages pour examiner n'importe quelle relation dans laquelle vous n'avez pas ce que vous désirez (par exemple au travail, avec les amis, avec les enfants, etc.). Bien sûr, les relations qui ont le plus d'influence sur vous sont les relations amoureuses.

A. Je suis désormais disposé à explorer l'expérience de ma relation avec

B. Dans ses meilleurs moments, cette relation est/ était

C. Cela me rend/ m'a rendu (*utilisez les différentes expressions si nécessaire*)

D. Cette relation ressemble à/ ressemblait à ma relation avec (identifiez un tuteur si applicable)

Parce que

E. Dans ses pires moments, la relation est/ était

F. Cela me rend/ m'a rendu

G. Quand je me sens/ me sentais de cette façon, ce que je fais/ faisais, c'est (*réexaminez vos réponses aux pages 34-39 et 55-68*)

H. Je réagis/ ai réagi de cette manière car
Je sentais

Je pensais

Je croyais

Je savais

I. Ce que j'attendais/ voulais de cette relation, c'était

J. Quand j'ai réalisé que je ne recevais pas ce que je voulais, j'ai

K. Cela me rend/ m'a rendu

L. Quand je me sens/ me sentais de cette façon, ce que je fais/ faisais, c'est

M. En conséquence, ce qui arrive/ est arrivé dans la relation, c'est

N. Quand cela arrive/ est arrivé, je me sens/ me suis senti fâché car

O. Quand cela arrive, j'ai/ avais peur car

P. Je réalise désormais que ce que je fais/ faisais d'incorrect, c'est/ c'était

Q. Réagir de cette manière me rend

R. Je suis désormais conscient quand je suis en colère que je peux choisir de

S. Je reconnais que ce que j'apprends/ ai appris et suis maintenant disposé à guérir, c'est la croyance que l'amour vous rend aussi (*réécrivez vos réponses à F, G, K et Q*)

T. Pour faciliter cette guérison, je suis disposé à

U. Je choisis désormais de vivre l'amour d'une manière qui me rend (*utilisez les différentes expressions si nécessaire*)

ÉCRIVEZ LES PHRASES SUIVANTES NEUF FOIS

(Utilisez votre main faible. Si vous êtes droitier, utilisez votre main gauche. Si vous êtes gaucher, utilisez votre main droite.)

Maintenant je me pardonne pour avoir cru que j'étais dans l'erreur.

Maintenant je me pardonne pour avoir cru que quelqu'un d'autre était dans l'erreur.

ARRÊTEZ-VOUS ICI !
VOUS AVEZ COMPLÉTÉ UN EXERCICE

Note d'amour
ETRE DISPOSÉ À CHASSER LES VIEILLES HABITUDES QUI PEUVENT ETRE ENRACINÉES EN VOUS, C'EST ETRE DISPOSÉ À RÉAGIR DIFFÉREMMENT AUX CIRCONSTANCES ET AUX CONDITIONS. ET C'EST AVOIR DES CIRCONSTANCES ET DES CONDITIONS QUI AGISSENT DIFFÉREMMENT SUR VOUS !

Exercices d'amour en guise de conclusion
Lisez chacune des phrases suivantes en silence puis ensuite répétez-les à voix haute.

Je suis désormais disposé, capable et prêt à éliminer les comportements inconscients qui se dressent entre moi et l'amour

Je suis désormais *disposé* à pardonner. Je suis désormais *disposé* à me libérer. Je suis désormais *disposé* à être protégé.

Je suis désormais *capable* de pardonner. Je suis désormais *capable* de me libérer. Je suis désormais *capable* d'être protégé.

Je suis désormais *prêt* à pardonner. Je suis désormais *prêt* à me libérer. Je suis désormais *prêt* à être protégé.

Je suis le Bien-Aimé. Rien ni personne ne peuvent changer la vérité de mon être.

Pour cela je suis très reconnaissant.

Qu'il en soit ainsi !

LE DEUXIÈME ÉTAGE

Puisque vous vous êtes rendu aussi loin, vous avez probablement une bonne idée de la raison pour laquelle vous êtes où vous êtes. J'espère que vous avez aussi une meilleure idée d'où vous voulez aller. L'objectif du deuxième étage est de mettre au clair ce qui retient ou contribue à ralentir votre mouvement.

Dans chacun des questionnaires qui suivent, on vous posera une série de questions conçues pour vous aider à prendre conscience des souvenirs et des expériences qui peuvent vous nuire. Il n'y a pas de « bonnes » réponses aux questions. La clé est de répondre aussi honnêtement que possible à chaque question. Ceci signifie habituellement répondre la première idée qui vous vient à l'esprit. Votre première idée est souvent la plus vraie.

Assurez-vous de compléter les **Exercices d'amour** avant de commencer un questionnaire. Une fois que vous aurez complété le questionnaire, sentez-vous à l'aise de relire vos réponses et de noter toute pensée ou tout autre sentiment que vous pourriez avoir. Quand vous pensez avoir fini, que plus rien ne vous vient à l'esprit, faites les **Exercices d'amour en guise de conclusion**. Peut-être trouverez-vous utile de faire une copie de la page avant de commencer ou d'utiliser un cahier. De cette façon, vous pouvez recommencer n'importe quel exercice aussi souvent que vous le désirez afin de gagner en clarté et en concision.

Je vous souhaite l'amour !

Exercices d'amour

Avant de commencer une section du livre, soyez attentif à vous-même. Lisez chacune des phrases suivantes en silence, puis ensuite répétez chacune d'elles à voix haute. Vos paroles ont du pouvoir ! Les mots créent un environnement et une expérience. Vous êtes libre de remplacer le mot « Dieu » par n'importe quel mot qui vous convient mieux.

Je me permets désormais d'être en présence de l'amour de Dieu.

Je me donne désormais la permission de sentir la présence de l'amour de Dieu.

J' ouvre désormais mon cœur et mon esprit à la force de guérison de l'amour de Dieu.

Je soumets désormais ma foi au pouvoir et à la présence de l'amour de Dieu.

J'accepte désormais et j'affirme qu'il n'y a rien que j'ai fait, que je peux faire, que je ferai ou vivrai qui peut m'éloigner de l'amour de Dieu.

Je m'offre désormais l'amour de Dieu et je l'étends à toute personne impliquée dans mon expérience de la vie.

Je suis reconnaissant du fait que l'amour de Dieu se révèle à moi.

Chasser la déception

Consultez le Lexique pour avoir une définition de cette expérience. Complétez les **Exercices d'amour** avant de débuter ce questionnaire.

A. J'éprouve de la déception quand (*identifiez une expérience à la fois*)

B. Je crois que mon expérience actuelle serait différente si

C. Ce que je désirais ne s'est pas produit car

D. Ce à quoi je m'attendais, c'était

E. Ce que je demandais, c'était

F. Quand je n'ai pas eu ce à quoi je m'attendais ou ce que je demandais, j'ai

G. J'ai réagi de cette façon, car je me sentais/ je croyais

H. Je réalise maintenant que lorsque (*revoyez votre réponse à F*)

J'éprouve de la déception.

ÉCRIVEZ LES PHRASES SUIVANTES NEUF FOIS

(Utilisez votre main faible. Si vous êtes droitier, utilisez votre main gauche. Si vous êtes gaucher, utilisez votre main droite.)

Maintenant je me pardonne pour avoir cru que j'étais dans l'erreur.

Maintenant je me pardonne pour avoir cru que quelqu'un d'autre était dans l'erreur.

POUR SAVOIR RECONNAÎTRE

A. Je suis désormais conscient que je contribue à ma déception en

B. Ce qui me rend

C. Je réalise maintenant que je peux choisir de

D. Réagir de cette manière me rendra

POUR CHASSER LA DÉCEPTION IL FAUT :

1. Dites exactement ce que vous voulez.

2. Identifiez clairement et communiquez vos attentes aux autres personnes impliquées dans une situation.

3. N'attendez pas des autres qu'ils fassent à votre place ce que vous pouvez faire pour vous-même.

4. Évitez les mauvaises surprises en étant ouvert à toutes les expériences sans jugements ni critiques.

5. Acceptez la responsabilité pour tout ce que vous faites et éprouvez.

6. Choisissez de voir la leçon plutôt que la déception.

ARRÊTEZ-VOUS ICI !
VOUS AVEZ COMPLÉTÉ UN EXERCICE

Note d'amour
POINTER DU DOIGT EST UNE MANIÈRE DE NIER VOTRE IMPLICATION DANS CE QUE VOUS VIVEZ. C'EST UNE MANIÈRE DE NIER VOTRE POUVOIR.

Exercices d'amour en guise de conclusion
Lisez chacune des phrases suivantes en silence puis ensuite répétez-les à voix haute.

Je suis désormais disposé, capable et prêt à éliminer les comportements inconscients qui se dressent entre moi et l'amour

Je suis désormais *disposé* à pardonner. Je suis désormais *disposé* à me libérer. Je suis désormais *disposé* à être protégé.

Je suis désormais *capable* de pardonner. Je suis désormais *capable* de me libérer. Je suis désormais *capable* d'être protégé.

Je suis désormais *prêt* à pardonner. Je suis désormais *prêt* à me libérer. Je suis désormais *prêt* à être protégé.

Je suis le Bien-Aimé. Rien ni personne ne peuvent changer la vérité de mon être.

Pour cela je suis très reconnaissant.

Qu'il en soit ainsi !

Comprendre la déception

Consultez le Lexique pour avoir une définition de cette expérience. Complétez les **Exercices d'amour** avant de débuter ce questionnaire.

Rappelez-vous une expérience récente au cours de laquelle vous avez ressenti de la déception, puis répondez aux questions suivantes :

A. J'éprouve de la déception au sujet de

B. Ce à quoi je m'attendais de (*encerclez la réponse appropriée*)
TravailPersonneRelationSituation c'était

C. J'ai exprimé cela quand j'ai dit

D. Je sais que j'ai été écouté car

E. Quand j'ai réalisé que mes attentes ne seraient pas respectées, je me suis senti

F. J'ai/ n'ai pas exprimé comment je me sentais car
Je pensais

Je sentais

Je croyais

Je savais

G. Je comprends maintenant que la manière la plus aimante pour moi de réagir aurait été de

H. Cela m'aurait rendu

I. Cette expérience m'a appris que

ÉCRIVEZ LES PHRASES SUIVANTES NEUF FOIS

(Utilisez votre main faible. Si vous êtes droitier, utilisez votre main gauche. Si vous êtes gaucher, utilisez votre main droite.)

Maintenant je me pardonne pour avoir cru que j'étais dans l'erreur.

Maintenant je me pardonne pour avoir cru que quelqu'un d'autre était dans l'erreur.

ARRÊTEZ-VOUS ICI !
VOUS AVEZ COMPLÉTÉ UN EXERCICE.

Note d'amour
NE SOUS-ESTIMEZ JAMAIS LA CAPACITÉ DE L'ESPRIT HUMAIN D'OUBLIER OU DE CHANGER !

Exercices d'amour en guise de conclusion

Lisez chacune des phrases suivantes en silence puis ensuite répétez-les à voix haute.

Je suis désormais disposé, capable et prêt à éliminer les comportements inconscients qui se dressent entre moi et l'amour

Je suis désormais *disposé* à pardonner. Je suis désormais *disposé* à me libérer. Je suis désormais *disposé* à être protégé.

Je suis désormais *capable* de pardonner. Je suis désormais *capable* de me libérer. Je suis désormais *capable* d'être protégé.

Je suis désormais *prêt* à pardonner. Je suis désormais *prêt* à me libérer. Je suis désormais *prêt* à être protégé.

Je suis le Bien-Aimé. Rien ni personne ne peuvent changer la vérité de mon être.

Pour cela je suis très reconnaissant.

Qu'il en soit ainsi !

Chasser la trahison

Consultez le Lexique pour avoir une définition de cette expérience.
Complétez les **Exercices d'amour** avant de débuter ce questionnaire.

A. Mes premières expériences où je me suis senti trahi ont été quand

B. Je crois que c'est la conséquence de cette expérience où j'ai

C. Je crois que cette expérience était le résultat de/ causée par

D. La chose la plus difficile à accepter/ à comprendre est

E. J'ai/ n'ai pas exprimé comment je me sentais car

Je pensais

Je sentais

Je croyais

Je savais

F. Je comprends maintenant que la façon la plus aimante de réagir aurait été de

G. Cela m'aurait rendu

H. Cette expérience m'a appris

ÉCRIVEZ LES PHRASES SUIVANTES NEUF FOIS

(*Utilisez votre main faible. Si vous êtes droitier, utilisez votre main gauche. Si vous êtes gaucher, utilisez votre main droite.*)

Maintenant je me pardonne pour avoir cru que j'étais dans l'erreur.

Maintenant je me pardonne pour avoir cru que quelqu'un d'autre était dans l'erreur.

ARRÊTEZ-VOUS ICI !
VOUS AVEZ COMPLÉTÉ UN EXERCICE.

Note d'amour
LES GENS FONT CE QU'ILS FONT À PARTIR DE CE QU'ILS SONT ET DE L'INFORMATION QU'ILS ONT À CE MOMENT. S'ILS AVAIENT SU, ILS AURAIENT MIEUX AGI.

Exercices d'amour en guise de conclusion
Lisez chacune des phrases suivantes en silence puis ensuite répétez-les à voix haute.

Je suis désormais disposé, capable et prêt à éliminer les comportements inconscients qui se dressent entre moi et l'amour

Je suis désormais *disposé* à pardonner. Je suis désormais *disposé* à me libérer. Je suis désormais *disposé* à être protégé.

Je suis désormais *capable* de pardonner. Je suis désormais *capable* de me libérer. Je suis désormais *capable* d'être protégé.

Je suis désormais *prêt* à pardonner. Je suis désormais *prêt* à me libérer. Je suis désormais *prêt* à être protégé.

Je suis le Bien-Aimé. Rien ni personne ne peuvent changer la vérité de mon être.

Pour cela je suis très reconnaissant.

Qu'il en soit ainsi !

Pour comprendre la trahison

Consultez le Lexique pour avoir une définition de cette expérience. Complétez les **Exercices d'amour** avant de commencer ce questionnaire.

A. Je me sens trahi par (*identifiez une personne ou une expérience à la fois*)

B. Je me sens ainsi car

C. J'ai vécu une expérience semblable quand

D. Dans les deux expériences, je m'attendais à ce que

E. Ce que je demandais, c'était

F. Quand j'ai réalisé que ce que j'attendais et demandais n'arrivait pas, j'ai

G. C'est/ c'était pour moi difficile à accepter

H. Quand je n'acceptais pas ce que je voyais/ sentais, je

I. Cela me rendait

J. Je réalise maintenant que lorsque je (*utilisez vos réponses à H*)

Je me sens trahi

Je me sens trahi

ÉCRIVEZ LES PHRASES SUIVANTES NEUF FOIS

(*Utilisez votre main faible. Si vous êtes droitier, utilisez votre main gauche. Si vous êtes gaucher, utilisez votre main droite.*)

Maintenant je me pardonne pour avoir cru que j'étais dans l'erreur.

Maintenant je me pardonne pour avoir cru que quelqu'un d'autre était dans l'erreur.

ARRÊTEZ-VOUS ICI !
VOUS AVEZ COMPLÉTÉ UN EXERCICE.

Note d'amour
RESPECTEZ-VOUS ET RESPECTEZ LES AUTRES ASSEZ POUR LEUR DIRE LA VÉRITÉ SUR CE QUE VOUS RESSENTEZ AU MOMENT OÙ VOUS LE RESSENTEZ. LE DIALOGUE DONNE NAISSANCE À DE MIRACULEUX CHANGEMENTS !

Exercices d'amour en guise de conclusion
Lisez chacune des phrases suivantes en silence puis ensuite répétez-les à voix haute.

Je suis désormais disposé, capable et prêt à éliminer les comportements inconscients qui se dressent entre moi et l'amour

Je suis désormais *disposé* à pardonner. Je suis désormais *disposé* à me libérer. Je suis désormais *disposé* à être protégé.

Je suis désormais *capable* de pardonner. Je suis désormais *capable* de me libérer. Je suis désormais *capable* d'être protégé.

Je suis désormais *prêt* à pardonner. Je suis désormais *prêt* à me libérer. Je suis désormais *prêt* à être protégé.

Je suis le Bien-Aimé. Rien ni personne ne peuvent changer la vérité de mon être.

Pour cela je suis très reconnaissant.

Qu'il en soit ainsi !

Pour comprendre la trahison 2

Consultez le Lexique pour avoir une définition de cette expérience. Complétez les **Exercices d'amour** avant de débuter ce questionnaire.

1. Sur la première ligne du tableau de la page suivante, indiquez une expérience récente (au cours des dix dernières années) et les gens par qui vous vous sentez/ êtes senti trahi.

2. Dans les cases sous chaque nom, indiquez votre comportement (ce que vous avez/ n'avez pas fait) dans cette situation avec la personne dont le nom apparaît au haut de la colonne. (*Si vous ne savez pas, voyez la liste des comportements d'une personne aimante à la **page 15**.*)

3. Complétez toute la colonne avant de passer à la suivante.

Je me sens trahi par/quand

4. Quand vous avez complété le tableau, relisez chaque colonne et indiquez les comportements communs à chaque expérience. Faites la liste des comportements récurrents ici, en plaçant celui qui revient le plus souvent en premier, puis les autres suivants dans l'ordre.

1.
2.
3.
4.
5.
6.
7.
8.
9.

Cela représente vos modèles de comportement inconscients qui peuvent contribuer à votre expérience de la trahison. Plutôt que d'agir de cette manière, dans une situation semblable, je peux choisir de

ÉCRIVEZ LES PHRASES SUIVANTES NEUF FOIS

(Utilisez votre main faible. Si vous êtes droitier, utilisez votre main gauche. Si vous êtes gaucher, utilisez votre main droite.)

Maintenant je me pardonne pour avoir cru que j'étais dans l'erreur.

Maintenant je me pardonne pour avoir cru que quelqu'un d'autre était dans l'erreur.

ARRÊTEZ-VOUS ICI !
VOUS AVEZ COMPLÉTÉ UN EXERCICE.

Note d'amour
L'AUTO-GUÉRISON EST LE CADEAU QUE VOUS OFFREZ AU MONDE. TOUT CE QUE VOUS ACCEPTEZ, FAITES ET VOUS OFFREZ À VOUS-M ME, VOUS LE TRANSMETTEZ À CEUX AVEC QUI VOUS ENTREZ EN CONTACT.

Exercices d'amour en guise de conclusion
Lisez chacune des phrases suivantes en silence puis ensuite répétez-les à voix haute.

Je suis désormais disposé, capable et prêt à éliminer les comportements inconscients qui se dressent entre moi et l'amour

Je suis désormais *disposé* à pardonner. Je suis désormais *disposé* à me libérer. Je suis désormais *disposé* à être protégé.

Je suis désormais *capable* de pardonner. Je suis désormais *capable* de me libérer. Je suis désormais *capable* d'être protégé.

Je suis désormais *prêt* à pardonner. Je suis désormais *prêt* à me libérer. Je suis désormais *prêt* à être protégé.

Je suis le Bien-Aimé. Rien ni personne ne peuvent changer la vérité de mon être.

Pour cela je suis très reconnaissant.

Qu'il en soit ainsi !

ENTRE LES DEUXIÈME ET TROISIÈME ÉTAGES

Voici l'endroit où vous venez pour clarifier vos « affaires ». L'expérience de la *déprime* à ce niveau n'a rien à voir avec ce que quelqu'un vous a fait ou ne vous a pas fait. Cette étape vous concerne vous ! Elle concerne les raisons pour lesquelles vous faites ce que vous faites de la manière dont vous le faites. Cela a rapport avec la réflexion sur soi-même et avec l'acceptation de soi-même. Cela veut dire se sortir de la honte, de la culpabilité, de la peur, de la colère, de la souffrance, de la lutte et du drame de votre identité véritable en tant que Bien-Aimé.

À ce stade-ci, la *déprime* ne concerne pas ce que vous avez vécu. Cela concerne comment vous l'avez vécu, ce que vous avez acquis et l'amour que vous montrez lorsque vous êtes au pied du mur. Vos moments difficiles en disent beaucoup sur vous. Quand vous êtes dans la *déprime*, si vous n'êtes pas disposé ou prêt à vous examiner vous-même, il y a des chances que vous retourniez au sous-sol.

Assurez-vous de compléter les **Exercices d'amour** avant de commencer un questionnaire. Une fois que vous aurez complété le questionnaire, sentez-vous à l'aise de relire vos réponses et de noter toute pensée ou tout autre sentiment que vous pourriez avoir. Quand vous pensez avoir fini, que plus rien ne vous vient à l'esprit, faites les **Exercices d'amour en guise de conclusion**. Peut-être trouverez-vous utile de faire une copie de la page avant de commencer ou d'utiliser un cahier. De cette façon, vous pouvez recommencer n'importe quel exercice aussi souvent que vous le désirez afin de gagner en clarté et en concision.

Je vous souhaite l'amour !

Exercices d'amour

Avant de commencer une section du livre, soyez attentif à vous-même. Lisez chacune des phrases suivantes en silence, puis ensuite répétez chacune d'elles à voix haute. Vos paroles ont du pouvoir ! Les mots créent un environnement et une expérience. Vous êtes libre de remplacer le mot « Dieu » par n'importe quel mot qui vous convient mieux.

Je me permets désormais d'être en présence de l'amour de Dieu.

Je me donne désormais la permission de sentir la présence de l'amour de Dieu.

J' ouvre désormais mon cœur et mon esprit à la force de guérison de l'amour de Dieu.

Je soumets désormais ma foi au pouvoir et à la présence de l'amour de Dieu.

J'accepte désormais et j'affirme qu'il n'y a rien que j'ai fait, que je peux faire, que je ferai ou vivrai qui peut m'éloigner de l'amour de Dieu.

Je m'offre désormais l'amour de Dieu et je l'étends à toute personne impliquée dans mon expérience de la vie.

Je suis reconnaissant du fait que l'amour de Dieu se révèle à moi.

Chasser la honte

Consultez le Lexique pour avoir une définition de cette expérience.
Complétez les **Exercices d'amour** avant de débuter ce questionnaire.

A. Le moment dans ma vie où j'ai eu le plus honte, c'est

B. À la suite de cette expérience, je crois

C. À la suite de cette expérience, j'ai/ n'ai pas

D. Cette expérience m'a rendu

E. Ce que j'ai fait qui n'était pas conforme à une attitude aimante, c'est

F. Ce que j'ai omis de faire, c'est

G. Dans une situation semblable aujourd'hui, je serais disposé à

H. Aujourd'hui, je suis disposé à abandonner toutes les pensées, toutes les émotions, toutes les croyances et toutes les motivations qui créent la honte en (*réécrivez votre réponse à A*)

I. En abandonnant cette attitude, je choisis de

ÉCRIVEZ LES PHRASES SUIVANTES NEUF FOIS

(Utilisez votre main faible. Si vous êtes droitier, utilisez votre main gauche. Si vous êtes gaucher, utilisez votre main droite.)

Maintenant je me pardonne pour avoir cru que j'étais dans l'erreur.

Maintenant je me pardonne pour avoir cru que quelqu'un d'autre était dans l'erreur.

ARRÊTEZ-VOUS ICI !
VOUS AVEZ COMPLÉTÉ UN EXERCICE

Note d'amour

LA GUÉRISON SPIRITUELLE EXIGE DE LA BONNE VOLONTÉ POUR PARDONNER, DU COURAGE POUR CESSER D'AVOIR PEUR ET DE L'EMPRESSEMENT POUR RENONCER À LA COLÈRE, À LA HAINE, À LA CULPABILITÉ ET À LA HONTE. C'EST DANS CES GESTES QUE NOUS DÉVELOPPONS LA CAPACITÉ DE VOIR DIEU EN CHAQUE PERSONNE, Y INCLUS EN NOUS-MÊME.

Exercices d'amour en guise de conclusion

Lisez chacune des phrases suivantes en silence puis ensuite répétez-les à voix haute.

Je suis désormais disposé, capable et prêt à éliminer les comportements inconscients qui se dressent entre moi et l'amour.

Je suis désormais *disposé* à pardonner. Je suis désormais *disposé* à me libérer. Je suis désormais *disposé* à être protégé.

Je suis désormais *capable* de pardonner. Je suis désormais *capable* de me libérer. Je suis désormais *capable* d'être protégé.

Je suis désormais *prêt* à pardonner. Je suis désormais *prêt* à me libérer. Je suis désormais *prêt* à être protégé.

Je suis le Bien-Aimé. Rien ni personne ne peuvent changer la vérité de mon être.

Pour cela je suis très reconnaissant.

Qu'il en soit ainsi !

Pour comprendre la honte

Complétez les **Exercices d'amour** avant de débuter ce questionnaire.

A. J'ai vraiment honte de moi/ de ma vie/ de mon passé quand

B. Cela me fait sentir comme si

C. Quand je ressens cette émotion, je suis sujet à (*réexaminez vos réponses des pages 32-34*)

D. Ce dont j'ai le plus besoin lorsque j'ai honte, c'est

E. Si j'avais cela, je crois que je me sentirais

F. Ce que je peux *faire pour moi-même* lorsque je me sens ainsi, c'est

G. La prochaine fois que j'éprouverai de la honte, je peux choisir de

H. La prochaine fois que j'aurai honte, je dois me rappeler que

I. Je dois maintenant combattre toutes les pensées, toutes les émotions, tous les souvenirs, tous les comportements, toutes les intentions et toutes les motivations qui créent la honte, car je sais (*réécrivez vos réponses à G et H*)

ÉCRIVEZ LES PHRASES SUIVANTES NEUF FOIS

(Utilisez votre main faible. Si vous êtes droitier, utilisez votre main gauche. Si vous êtes gaucher, utilisez votre main droite.)

Maintenant je me pardonne pour avoir cru que j'étais dans l'erreur.

Maintenant je me pardonne pour avoir cru que quelqu'un d'autre était dans l'erreur.

ARRÊTEZ-VOUS ICI !
VOUS AVEZ COMPLÉTÉ UN EXERCICE

Note d'amour
DIEU EST AUSSI DÉPENDANT DE VOUS QUE VOUS L'ÊTES DE DIEU !

Exercices d'amour en guise de conclusion

Lisez chacune des phrases suivantes en silence puis ensuite répétez-les à voix haute.

Je suis désormais disposé, capable et prêt à éliminer les comportements inconscients qui se dressent entre moi et l'amour.

Je suis désormais *disposé* à pardonner. Je suis désormais *disposé* à me libérer. Je suis désormais *disposé* à être protégé.

Je suis désormais *capable* de pardonner. Je suis désormais *capable* de me libérer. Je suis désormais *capable* d'être protégé.

Je suis désormais *prêt* à pardonner. Je suis désormais *prêt* à me libérer. Je suis désormais *prêt* à être protégé.

Je suis le Bien-Aimé. Rien ni personne ne peuvent changer la vérité de mon être.

Pour cela je suis très reconnaissant.

Qu'il en soit ainsi !

Chasser la culpabilité

Consultez le Lexique pour avoir une définition de cette expérience. Complétez les **Exercices d'amour** avant de débuter ce questionnaire.

A. Le moment dans ma vie où je me suis senti le plus coupable, c'est

B. À la suite de cette expérience, je crois

C. À la suite de cette expérience, j'ai/ n'ai pas

D. Cette expérience m'a rendu

E. Ce que j'ai fait qui n'était pas conforme à une attitude aimante, c'est

F. Ce que j'ai omis de faire, c'est

G. Dans une situation semblable aujourd'hui, je serais disposé à

H. Aujourd'hui, je suis disposé à abandonner toutes les pensées, toutes les émotions, toutes les croyances, tous les comportements et toutes les motivations de culpabilité qui ont rapport à (*réécrivez votre réponse à A*)

I. En abandonnant cette attitude, je choisis de

ÉCRIVEZ LES PHRASES SUIVANTES NEUF FOIS

(Utilisez votre main faible. Si vous êtes droitier, utilisez votre main gauche. Si vous êtes gaucher, utilisez votre main droite.)

Maintenant je me pardonne pour avoir cru que j'étais dans l'erreur.

Maintenant je me pardonne pour avoir cru que quelqu'un d'autre était dans l'erreur.

ARRÊTEZ-VOUS ICI !
VOUS AVEZ COMPLÉTÉ UN EXERCICE

Note d'amour
SEULE LA VÉRITÉ PEUT VOUS LIBÉRER, ETRE LA CAUSE D'UNE GUÉRISON COMPLÈTE, D'UNE RÉSOLUTION DURABLE ET DÉVELOPPER LA CAPACITÉ D'ÉVITER LA REPRODUCTION D'UN PROBLÈME SIMILAIRE À L'AVENIR.

Exercices d'amour en guise de conclusion
Lisez chacune des phrases suivantes en silence puis ensuite répétez-les à voix haute.

Je suis désormais disposé, capable et prêt à éliminer les comportements inconscients qui se dressent entre moi et l'amour.

Je suis désormais *disposé* à pardonner. Je suis désormais *disposé* à me libérer. Je suis désormais *disposé* à être protégé.

Je suis désormais *capable* de pardonner. Je suis désormais *capable* de me libérer. Je suis désormais *capable* d'être protégé.

Je suis désormais *prêt* à pardonner. Je suis désormais *prêt* à me libérer. Je suis désormais *prêt* à être protégé.

Je suis le Bien-Aimé. Rien ni personne ne peuvent changer la vérité de mon être.

Pour cela je suis très reconnaissant.

Qu'il en soit ainsi !

Pour comprendre la culpabilité

Complétez les **Exercices d'amour** avant de débuter ce questionnaire.

A. Je me sens vraiment coupable au sujet de moi-même/ de ma vie/ de mon passé quand

B. Cela me fait sentir comme si

C. Quand je me sens ainsi, je suis sujet à (*réexaminez vos réponses aux pages 32-34*)

D. Ce dont j'ai le plus besoin lorsque je me sens coupable, c'est

E. Si j'avais cela, je crois que je me sentirais

F. Ce que je peux *faire pour moi-même* lorsque je me sens coupable, c'est

G. La prochaine fois que je me sentirai coupable, je peux choisir de

H. La prochaine fois que je me sentirai coupable, je dois me rappeler que

I. Je dois maintenant combattre toutes les pensées, toutes les émotions, tous les souvenirs, tous les comportements, toutes les intentions et toutes les motivations qui créent la culpabilité, car je sais (*réécrivez vos réponses à G et H*)

ÉCRIVEZ LES PHRASES SUIVANTES NEUF FOIS

(Utilisez votre main faible. Si vous êtes droitier, utilisez votre main gauche. Si vous êtes gaucher, utilisez votre main droite.)

Maintenant je me pardonne pour avoir cru que j'étais dans l'erreur.

Maintenant je me pardonne pour avoir cru que quelqu'un d'autre était dans l'erreur.

ARRÊTEZ-VOUS ICI !
VOUS AVEZ COMPLÉTÉ UN EXERCICE

Note d'amour
LIER L'AVENIR AUX DOULEURS DU PASSÉ EMPÊCHE
LA LUMIÈRE DE LA PAIX, DE L'AMOUR OU DE
LA JOIE D'ENTRER.

Exercices d'amour en guise de conclusion
Lisez chacune des phrases suivantes en silence puis ensuite répétez-
les à voix haute.

Je suis désormais disposé, capable et prêt à éliminer les
comportements inconscients qui se dressent entre moi et l'amour.

Je suis désormais *disposé* à pardonner. Je suis désormais *disposé* à
me libérer. Je suis désormais *disposé* à être protégé.

Je suis désormais *capable* de pardonner. Je suis désormais *capable*
de me libérer. Je suis désormais *capable* d'être protégé.

Je suis désormais *prêt* à pardonner. Je suis désormais *prêt* à me
libérer. Je suis désormais *prêt* à être protégé.

Je suis le Bien-Aimé. Rien ni personne ne peuvent changer la vérité
de mon être.

Pour cela je suis très reconnaissant.

Qu'il en soit ainsi !

Chasser la colère

Consultez le Lexique pour avoir une définition de cette expérience. Complétez les **Exercices d'amour** avant de débuter ce questionnaire.

A. Le moment dans ma vie où je me suis senti le plus en colère, c'est

B. À la suite de cette expérience, je crois

C. À la suite de cette expérience, j'ai/ n'ai pas

D. Cette expérience m'a rendu

E. Ce que j'ai fait qui n'était pas conforme à une attitude aimante, c'est

F. Ce que j'ai omis de faire, c'est

G. Si j'avais une autre occasion, je serais disposé à

H. Aujourd'hui, je suis disposé à abandonner toutes mes pensées, mes émotions, mes croyances, mes comportements et mes motivations colériques qui ont rapport à (*réécrivez votre réponse à A*)

I. En abandonnant cette attitude, je choisis de

ÉCRIVEZ LES PHRASES SUIVANTES NEUF FOIS

(Utilisez votre main faible. Si vous êtes droitier, utilisez votre main gauche. Si vous êtes gaucher, utilisez votre main droite.)

Maintenant je me pardonne pour avoir cru que j'étais dans l'erreur.

Maintenant je me pardonne pour avoir cru que quelqu'un d'autre était dans l'erreur.

ARRÊTEZ-VOUS ICI !
VOUS AVEZ COMPLÉTÉ UN EXERCICE

Note d'amour
LA GUÉRISON SPIRITUELLE EXIGE DE LA BONNE VOLONTÉ POUR PARDONNER, DU COURAGE POUR CESSER D'AVOIR PEUR ET DE L'EMPRESSEMENT POUR RENONCER À LA COLÈRE, À LA HAINE, À LA CULPABILITÉ ET À LA HONTE. C'EST DANS CES GESTES QUE NOUS DÉVELOPPONS LA CAPACITÉ DE VOIR DIEU EN CHAQUE PERSONNE, Y INCLUS EN NOUS-MÊME.

Exercices d'amour en guise de conclusion
Lisez chacune des phrases suivantes en silence puis ensuite répétez-les à voix haute.

Je suis désormais disposé, capable et prêt à éliminer les comportements inconscients qui se dressent entre moi et l'amour.

Je suis désormais *disposé* à pardonner. Je suis désormais *disposé* à me libérer. Je suis désormais *disposé* à être protégé.

Je suis désormais *capable* de pardonner. Je suis désormais *capable* de me libérer. Je suis désormais *capable* d'être protégé.

Je suis désormais *prêt* à pardonner. Je suis désormais *prêt* à me libérer. Je suis désormais *prêt* à être protégé.

Je suis le Bien-Aimé. Rien ni personne ne peuvent changer la vérité de mon être.

Pour cela je suis très reconnaissant.

Qu'il en soit ainsi !

Pour comprendre la colère

Complétez les **Exercices d'amour** avant de débuter ce questionnaire.

A. Quand je pense à moi/ à ma vie/ à mon passé, je deviens en colère car

B. Cela me fait sentir comme si

C. Quand je suis en colère, je suis sujet à (*réexaminez vos réponses des pages 32-34*)

D. Ce dont j'ai le plus besoin lorsque je suis en colère, c'est

E. Si j'avais cela, je crois que je me sentirais

F. Ce que je peux *faire pour moi-même* quand je suis en colère, c'est

G. La prochaine fois que je serai en colère, je peux choisir de

H. La prochaine fois que je ressentirai la colère, je dois me rappeler que

I. Je dois maintenant combattre toutes les pensées, toutes les émotions, tous les souvenirs, tous les comportements, toutes les intentions et toutes les motivations qui créent la colère, car je sais (*réécrivez vos réponses à G et H*)

ÉCRIVEZ LES PHRASES SUIVANTES NEUF FOIS

(Utilisez votre main faible. Si vous êtes droitier, utilisez votre main gauche. Si vous êtes gaucher, utilisez votre main droite.)

Maintenant je me pardonne pour avoir cru que j'étais dans l'erreur.

Maintenant je me pardonne pour avoir cru que quelqu'un d'autre était dans l'erreur.

ARRÊTEZ-VOUS ICI !
VOUS AVEZ COMPLÉTÉ UN EXERCICE

Note d'amour
EN COLÈRE ? ESSAYEZ DE SOURIRE. CELA FAIT MOINS DE RIDES !

Exercices d'amour en guise de conclusion
Lisez chacune des phrases suivantes en silence puis ensuite répétez-les à voix haute.

Je suis désormais disposé, capable et prêt à éliminer les comportements inconscients qui se dressent entre moi et l'amour.

Je suis désormais *disposé* à pardonner. Je suis désormais *disposé* à me libérer. Je suis désormais *disposé* à être protégé.

Je suis désormais *capable* de pardonner. Je suis désormais *capable* de me libérer. Je suis désormais *capable* d'être protégé.

Je suis désormais *prêt* à pardonner. Je suis désormais *prêt* à me libérer. Je suis désormais *prêt* à être protégé.

Je suis le Bien-Aimé. Rien ni personne ne peuvent changer la vérité de mon être.

Pour cela je suis très reconnaissant.

Qu'il en soit ainsi !

Pour chasser le remords

Consultez le Lexique pour avoir une définition de cette expérience. Complétez les **Exercices d'amour** avant de débuter ce questionnaire.

A. Le moment dans ma vie où j'ai eu le plus de remords, c'est

B. À la suite de cette expérience, je crois

C. À la suite de cette expérience, j'ai/ n'ai pas

D. Cette expérience m'a rendu

E. Ce que j'ai fait qui n'était pas conforme à une attitude aimante, c'est

F. Ce que j'ai omis de faire, c'est

G. Si j'avais une autre occasion, je serais disposé à

H. Aujourd'hui, je suis disposé à abandonner toutes les pensées, toutes les émotions, toutes les croyances, tous les comportements et toutes les motivations qui créent le remords et qui ont rapport à (*réécrivez votre réponse à A*)

I. En abandonnant cette attitude, je choisis de

ÉCRIVEZ LES PHRASES SUIVANTES NEUF FOIS

(Utilisez votre main faible. Si vous êtes droitier, utilisez votre main gauche. Si vous êtes gaucher, utilisez votre main droite.)

Maintenant je me pardonne pour avoir cru que j'étais dans l'erreur.

Maintenant je me pardonne pour avoir cru que quelqu'un d'autre était dans l'erreur.

ARRÊTEZ-VOUS ICI !
VOUS AVEZ COMPLÉTÉ UN EXERCICE

Note d'amour
SI, QUAND VOUS ÊTES DANS LES TÉNÈBRES, VOUS TENDEZ LA MAIN, DIEU PRENDRA VOTRE MAIN. SI VOUS TENDEZ LES DEUX MAINS, DIEU ET DÉESSE VOUS SOULÈVERONT ET VOUS PORTERONT LÀ OÙ VOUS VOULEZ ALLER.

Exercices d'amour en guise de conclusion
Lisez chacune des phrases suivantes en silence puis ensuite répétez-les à voix haute.

Je suis désormais disposé, capable et prêt à éliminer les comportements inconscients qui se dressent entre moi et l'amour.

Je suis désormais *disposé* à pardonner. Je suis désormais *disposé* à me libérer. Je suis désormais *disposé* à être protégé.

Je suis désormais *capable* de pardonner. Je suis désormais *capable* de me libérer. Je suis désormais *capable* d'être protégé.

Je suis désormais *prêt* à pardonner. Je suis désormais *prêt* à me libérer. Je suis désormais *prêt* à être protégé.

Je suis le Bien-Aimé. Rien ni personne ne peuvent changer la vérité de mon être.

Pour cela je suis très reconnaissant.

Qu'il en soit ainsi !

Pour comprendre le remords

Complétez les **Exercices d'amour** avant de débuter ce questionnaire.

A. Quand je pense à moi/ à ma vie/ à mon passé, j'ai des remords car

B. Cela me fait sentir comme si

C. Quand j'ai des remords, je suis sujet à (*réexaminez vos réponses des pages 32-34*)

D. Ce dont j'ai le plus besoin lorsque j'ai des remords, c'est

E. Si j'avais cela, je crois que je me sentirais

F. Ce que je peux *faire pour moi-même* lorsque j'ai des remords, c'est

G. La prochaine fois que j'aurai des remords, je peux choisir de

H. La prochaine fois que j'aurai des remords, je dois me rappeler que

I. Je dois maintenant combattre toutes les pensées, toutes les émotions, tous les souvenirs, tous les comportements, toutes les intentions et toutes les motivations qui créent le remords, car je sais (*réécrivez vos réponses à G et H*).

ÉCRIVEZ LES PHRASES SUIVANTES NEUF FOIS

(Utilisez votre main faible. Si vous êtes droitier, utilisez votre main gauche. Si vous êtes gaucher, utilisez votre main droite.)

Maintenant je me pardonne pour avoir cru que j'étais dans l'erreur.

Maintenant je me pardonne pour avoir cru que quelqu'un d'autre était dans l'erreur.

ARRÊTEZ-VOUS ICI !
VOUS AVEZ COMPLÉTÉ UN EXERCICE

Note d'amour
LORSQUE VOUS RECONNAISSEZ LE POUVOIR ET LA PRÉSENCE DE DIEU COMME ÉTANT L'ESSENCE DE VOTRE ÊTRE, L'AMOUR DE DIEU VOUS ENTOURE ET VOUS PROTÈGE, À CHAQUE INSTANT. VOUS VIVEZ À TOUT MOMENT DANS LA LUMIÈRE DE L'AMOUR DE DIEU.

Exercices d'amour en guise de conclusion
Lisez chacune des phrases suivantes en silence puis ensuite répétez-les à voix haute.

Je suis désormais disposé, capable et prêt à éliminer les comportements inconscients qui se dressent entre moi et l'amour.

Je suis désormais *disposé* à pardonner. Je suis désormais *disposé* à me libérer. Je suis désormais *disposé* à être protégé.

Je suis désormais *capable* de pardonner. Je suis désormais *capable* de me libérer. Je suis désormais *capable* d'être protégé.

Je suis désormais *prêt* à pardonner. Je suis désormais *prêt* à me libérer. Je suis désormais *prêt* à être protégé.

Je suis le Bien-Aimé. Rien ni personne ne peuvent changer la vérité de mon être.

Pour cela je suis très reconnaissant.

Qu'il en soit ainsi !

Chasser la peur

Consultez le Lexique pour avoir une définition de cette expérience. Complétez les **Exercices d'amour** avant de commencer ce questionnaire.

A. Ma plus grande peur est

B. Si ceci arrive, je crois que je

C. Si c'est plutôt cela qui arrive, je crois que je

D. Ma plus grande peur est (*réécrivez votre réponse à C*)

E. Quand j'éprouve cette peur, je me sens

F. Je suis maintenant conscient que lorsque j'éprouve cette peur, je suis sujet à (*réexaminez votre réponse à D*)

G. Ce que je peux choisir de faire à la place, c'est

H. Cela me rendrait

I. Si ceci arrive, je crois que je

J. Si c'est plutôt cela qui arrive, je crois que je

K. Aujourd'hui, je suis disposé à abandonner toutes les pensées, toutes les émotions, toutes les croyances, tous les comportements et toutes les motivations qui alimentent la peur et qui se rapportent à (*réécrivez votre réponse à A*)

ÉCRIVEZ LES PHRASES SUIVANTES NEUF FOIS

(Utilisez votre main faible. Si vous êtes droitier, utilisez votre main gauche. Si vous êtes gaucher, utilisez votre main droite.)

Je ne craindrai aucun mal, aucune malédiction, rien ni personne.

La présence protectrice et stimulante du bien, de Dieu, est désormais disponible pour moi. (Sentez-vous à l'aise de remplacer le mot « Dieu » par n'importe quel mot qui vous convient mieux.)

ARRÊTEZ-VOUS ICI !
VOUS AVEZ COMPLÉTÉ UN EXERCICE

Note d'amour
DANS UN LIEU DE CALME, IL Y A UNE GOUTTE DE PAIX.
DANS UN LIEU DE PAIX, IL Y A UNE GOUTTE D'AMOUR.
DANS UNE GOUTTE D'AMOUR, IL Y A LE CALME DE LA
PAIX.
DANS LE CALME DE LA PAIX, IL Y A MOI !

Exercices d'amour en guise de conclusion
Lisez chacune des phrases suivantes en silence puis ensuite répétez-les à voix haute.

Je suis désormais disposé, capable et prêt à éliminer les comportements inconscients qui se dressent entre moi et l'amour.

Je suis désormais *disposé* à pardonner. Je suis désormais *disposé* à me libérer. Je suis désormais *disposé* à être protégé.

Je suis désormais *capable* de pardonner. Je suis désormais *capable* de me libérer. Je suis désormais *capable* d'être protégé.

Je suis désormais *prêt* à pardonner. Je suis désormais *prêt* à me libérer. Je suis désormais *prêt* à être protégé.

Je suis le Bien-Aimé. Rien ni personne ne peuvent changer la vérité de mon être.

Pour cela je suis très reconnaissant.

Qu'il en soit ainsi !

Pour comprendre la peur

La tergiversation est une forme de peur. Ici nous travaillerons sur la peur lorsqu'elle se manifeste sous la forme de tergiversations – l'art de remettre les choses à plus tard. Complétez les **Exercices d'amour** avant de débuter ce questionnaire.

A. Les meilleures raisons que j'ai de tergiverser sont

B. Quand je fais cela, je me sens

C. Quand je me sens ainsi, je suis sujet à (*réexaminez vos réponses des pages 32-34)*

D. Quand je réagis de cette façon, je me sens

E. Je suis maintenant conscient qu'en faisant cela, je n'agis pas comme une personne aimante. C'est une manifestation de la peur de

F. Plutôt que de tergiverser, je peux maintenant choisir de

G. Réagir de cette manière me donnerait un plus grand sens de

H. Je choisis maintenant de développer un plus grand sens de (*réécrivez votre réponse à G*)

ÉCRIVEZ LES PHRASES SUIVANTES NEUF FOIS

(*Utilisez votre main faible. Si vous êtes droitier, utilisez votre main gauche. Si vous êtes gaucher, utilisez votre main droite.*)

Maintenant je me pardonne pour chaque geste sans amour que j'ai commis envers moi-même.

Maintenant je me pardonne totalement et inconditionnellement.

ARRÊTEZ-VOUS ICI !
VOUS AVEZ COMPLÉTÉ UN EXERCICE

Note d'amour
JE NE PEUX PAS ME CHANGER, M'AIDER NI ME GUÉRIR MOI-MÊME. CE QUE JE *PEUX* FAIRE, C'EST DE FAIRE CONFIANCE À LA PUISSANCE ET À LA PRÉSENCE DE LA VOLONTÉ DIVINE QUI SE RÉVÈLE EN MOI ET À TRAVERS MOI. CETTE VOLONTÉ ME CHANGE, M'AIDE ET ME GUÉRIT.

Exercices d'amour en guise de conclusion
Lisez chacune des phrases suivantes en silence puis ensuite répétez-les à voix haute.

Je suis désormais disposé, capable et prêt à éliminer les comportements inconscients qui se dressent entre moi et l'amour.

Je suis désormais *disposé* à pardonner. Je suis désormais *disposé* à me libérer. Je suis désormais *disposé* à être protégé.

Je suis désormais *capable* de pardonner. Je suis désormais *capable* de me libérer. Je suis désormais *capable* d'être protégé.

Je suis désormais *prêt* à pardonner. Je suis désormais *prêt* à me libérer. Je suis désormais *prêt* à être protégé.

Je suis le Bien-Aimé. Rien ni personne ne peuvent changer la vérité de mon être.

Pour cela je suis très reconnaissant.

Qu'il en soit ainsi !

LE TROISIÈME ÉTAGE

Toutes les relations sont des occasions de guérison. Elles nous fournissent l'information dont nous avons besoin pour guérir nos esprits et nos cœurs. Ces personnes qui acceptent d'être en relation avec nous le font par amour. Elles nous aiment assez pour passer une partie de leurs vies dans notre processus de guérison. Tout ce dont nous avons besoin dans une relation, c'est de choisir l'expérience que nous désirons et d'assumer la pleine responsabilité pour avoir créé cette expérience. Bien que cela puisse paraître simple, ceux parmi nous qui sont dans une *déprime* due à une relation savent que ce ne l'est pas. La clé est d'identifier *les types de pensées et de comportements* qui empêchent la réalisation de l'expérience et de *faire les changements nécessaires* pour créer une nouvelle expérience.

Ce chapitre est celui où le « changement » arrive ! Le troisième étage est l'étage de la création. C'est l'endroit où nous créons l'amour en apprenant l'amour ! La création de quelque chose de nouveau exige d'être clair sur ce que vous désirez. Dans chacun des questionnaires qui suivent, on vous posera une série de questions conçues pour vous aider à demander exactement ce que vous voulez dans la vie et dans une relation amoureuse, intime. Il n'y a pas de « bonnes » réponses aux questions. La clé est de répondre aussi honnêtement que possible à chaque question. Ceci signifie habituellement répondre la première idée qui vous vient à l'esprit. Votre première idée est souvent la plus vraie.

Assurez-vous de compléter les **Exercices d'amour** avant de commencer un questionnaire. Une fois que vous aurez complété le questionnaire, sentez-vous à l'aise de relire vos réponses et de noter toute pensée ou tout autre sentiment que vous pourriez avoir. Quand vous pensez avoir fini, que plus rien ne vous vient à l'esprit, faites les **Exercices d'amour en guise de conclusion**. Peut-être trouverez-vous utile de faire une copie de la page avant de commencer ou d'utiliser un cahier. De cette façon, vous pouvez recommencer n'importe quel exercice aussi souvent que vous le désirez afin de gagner en clarté et en concision.

Je vous souhaite l'amour !

Exercices d'amour

Avant de commencer une section du livre, soyez attentif à vous-même. Lisez chacune des phrases suivantes en silence, puis ensuite répétez chacune d'elles à voix haute. Vos paroles ont du pouvoir ! Les mots créent un environnement et une expérience. Vous êtes libre de remplacer le mot « Dieu » par n'importe quel mot qui vous convient mieux.

Je me permets désormais d'être en présence de l'amour de Dieu.

Je me donne désormais la permission de sentir la présence de l'amour de Dieu.

J'ouvre désormais mon cœur et mon esprit à la force de guérison de l'amour de Dieu.

Je soumets désormais ma foi au pouvoir et à la présence de l'amour de Dieu.

J'accepte désormais et j'affirme qu'il n'y a rien que j'ai fait, que je peux faire, que je ferai ou vivrai qui peut m'éloigner de l'amour de Dieu.

Je m'offre désormais l'amour de Dieu et je l'étends à toute personne impliquée dans mon expérience de la vie.

Je suis reconnaissant du fait que l'amour de Dieu se révèle à moi.

LE MOI DIVIN

Répondez à chacune des affirmations suivantes avec la première pensée qui surgit dans votre esprit. Sentez-vous à l'aise d'utiliser les diverses expressions (voir pages 22-23) si nécessaire.

1. Je suis le Bien-Aimé ! Le Bien-Aimé est

2. Je sais cela car

3. Je sens cela car

4. Je crois cela car

5. Je suis le Bien-Aimé ! Le Bien-Aimé est

6. Je sais cela car

7. Je sens cela car

8. Je crois cela car

9. Je suis le Bien-Aimé ! Le Bien-Aimé est

10. Je sais cela car

11. Je sens cela car

12. je crois cela car

13. Je suis le Bien-Aimé ! Le Bien-Aimé est

14. Je sais cela car

15. Je sens cela car

16. Je crois cela car

17. Je suis le Bien-Aimé ! Je sais, je sens et je crois cela car

18. Le Bien-Aimé mérite d'être

19. Le Bien-Aimé mérite d'avoir

20. Le Bien-Aimé mérite de sentir

21. La façon dont le Bien-Aimé crée ce qu'est le Bien-Aimé, c'est par

22. La façon dont le Bien-Aimé crée ce qu'a le Bien-Aimé, c'est par

23. La façon dont le Bien-Aimé crée ce que le Bien-Aimé ressent, c'est en

24. Je suis le Bien-Aimé ! Je me crée en

25. Je suis le Bien-Aimé ! Je crée ce que je désire éprouver en

26. Je suis le Bien-Aimé ! Je crée ce que je ressens par

ARRÊTEZ-VOUS ICI !
VOUS AVEZ COMPLÉTÉ UN EXERCICE

Note d'amour
CE SUR QUOI VOUS VOUS CONCENTREZ A UNE ÉNORME INFLUENCE SUR *COMMENT* VOUS VIVEZ ET SUR *CE QUE* VOUS VIVEZ !

Exercices d'amour en guise de conclusion
Lisez chacune des phrases suivantes en silence puis ensuite répétez-les à voix haute.

Je suis désormais disposé, capable et prêt à éliminer les comportements inconscients qui se dressent entre moi et l'amour.

Je suis désormais *disposé* à pardonner. Je suis désormais *disposé* à me libérer. Je suis désormais *disposé* à être protégé.

Je suis désormais *capable* de pardonner. Je suis désormais *capable* de me libérer. Je suis désormais *capable* d'être protégé.

Je suis désormais *prêt* à pardonner. Je suis désormais *prêt* à me libérer. Je suis désormais *prêt* à être protégé.

Je suis le Bien-Aimé. Rien ni personne ne peuvent changer la vérité de mon être.

Pour cela je suis très reconnaissant.

Qu'il en soit ainsi !

MA VIE DIVINE

Votre compagnon divin vous recherche avec autant d'empressement que vous, qui êtes à la recherche de votre compagnon divin ! Quand il/ elle apparaîtra, qu'est-ce qu'il/ elle trouvera ?

1. En utilisant de sept à neuf adjectifs, décrivez votre vie (par exemple votre famille, votre vie sociale, votre vie professionnelle, vos finances, votre santé, etc.) comme elle est actuellement

2. En utilisant de sept à neuf adjectifs, décrivez comment vous vous *sentez* à propos de votre vie telle qu'elle est aujourd'hui

3. Utilisez un dictionnaire pour définir chacun des mots que vous avez choisis aux items 1 et 2.

a. Ma vie est   DÉFINITION

b. Je sens que ma vie est   DÉFINITION

4. Revoyez vos réponses de la liste 3a. Croyez-vous que les définitions sont

Exactes_____   Sévères_____   Trop sévères_____

5. Écrivez ci-dessous les définitions que vous croyez être les plus exactes

6. Si votre compagnon divin se manifestait aujourd'hui, quelle est l'explication la plus aimante que vous pourriez lui donner de votre vie telle que décrite en 5 ?

7. Expliquez à votre compagnon divin comment sa présence rendrait votre vie meilleure.

8. Aussi précisément que possible, identifiez exactement ce que vous attendriez de votre partenaire dans une relation.

9. Revoyez vos réponses de la liste 3b. Croyez-vous que ces définitions sont
Exactes_____   Sévères_____   Trop sévères_____

10. Écrivez ci-dessous les réponses que vous croyez être les plus exactes.

11. Si votre compagnon divin se manifestait aujourd'hui, quelle est l'explication la plus aimante que vous pourriez offrir sur ce que vous ressentez au sujet de votre vie telle que décrite en 10 ?

12. Expliquez à votre compagnon divin comment sa présence vous aiderait à vous sentir mieux dans votre vie.

13. Aussi précisément que possible, expliquez exactement à votre partenaire comment vous voulez vous sentir dans une relation.

14. Revoyez vos réponses à 7, 8, 12 et 13. Identifiez et décrivez comment vous pouvez créer ces expériences pour vous-même.

ARRÊTEZ-VOUS ICI !
VOUS AVEZ COMPLÉTÉ UN EXERCICE

Note d'amour
L'UN DES PLUS BEAUX CADEAUX QUE VOUS POUVEZ OFFRIR À VOTRE PARTENAIRE, C'EST VOTRE AUTHENTICITÉ.

Exercices d'amour en guise de conclusion
Lisez chacune des phrases suivantes en silence puis ensuite répétez-les à voix haute.

Je suis désormais disposé, capable et prêt à éliminer les comportements inconscients qui se dressent entre moi et l'amour.

Je suis désormais *disposé* à pardonner. Je suis désormais *disposé* à me libérer. Je suis désormais *disposé* à être protégé.

Je suis désormais *capable* de pardonner. Je suis désormais *capable* de me libérer. Je suis désormais *capable* d'être protégé.

Je suis désormais *prêt* à pardonner. Je suis désormais *prêt* à me libérer. Je suis désormais *prêt* à être protégé.

Je suis le Bien-Aimé. Rien ni personne ne peuvent changer la vérité de mon être.

Pour cela je suis très reconnaissant.

Qu'il en soit ainsi !

MON COMPAGNON DIVIN

Vous ne pouvez avoir ce que vous voulez avant de savoir ce que c'est ! Dans cette section, vous commencerez par identifier ce que vous voulez et l'expérience que vous désirez dans une relation intime ou amoureuse. Sur chacune des lignes de la section qui suit, n'utilisez pas plus de cinq mots par ligne pour identifier les *qualités*, **non pas les caractéristiques physiques**, que vous aimeriez que votre compagnon divin possède. À la fin de la section, complétez les questions avant de passer à la section suivante. Le but est d'être aussi clair que possible au sujet de ce que vous voulez, de l'expérience que vous désirez et de ce à quoi cela pourra ressembler. Il n'est pas important que vous soyez ou non actuellement dans une relation, alors n'essayez pas de faire correspondre ce que vous voulez avec ce que vous avez ou n'avez pas. Faites-le pour le plaisir !

Le mot « qualité » fait référence à la personnalité d'un individu, à son comportement, à sa façon de penser, à ses goûts, etc. Pour les fins de cet exercice, le mot « qualité » ne fait pas référence à l'apparence d'une personne. Le monde entier sait ce que vous préférez et il se spécialise dans l'exacte livraison !

Mon compagnon divin

1. Mon compagnon divin est

2. Mon compagnon divin est

3. Mon compagnon divin est

4. Mon compagnon divin est

5. Mon compagnon divin est

6. Mon compagnon divin est

7. Mon compagnon divin est

8. Mon compagnon divin est

9. Mon compagnon divin est

GROUPE A

Être en relation avec un compagnon qui possède ces qualités me rendrait

1.
2.
3.
4.
5.
6.
7.
8.
9.

GROUPE B

B. Être en relation avec un compagnon qui ne possède pas ces qualités me rendrait

1.
2.
3.
4.
5.
6.
7.
8.
9.

MA LISTE DE SOUHAITS POUR MA RELATION

Maintenant, mettons tout cela ensemble. Complétez chacune des phrases ci-dessous.

1. Mon compagnon divin est (*choisissez **un mot** dans chaque liste de qualités que vous avez identifiées dans « Mon compagnon divin », pages 160-161*)

2. Quand je suis en relation avec un compagnon qui possède ces qualités, je me sens (*choisissez un mot dans chaque ligne du Groupe A*)

3. Être dans une telle relation me rappellerait (*identifiez une relation ou un souvenir qui ressemble beaucoup à votre conception d'une relation divine*)

4. Quand je suis en relation avec un compagnon **qui ne possède pas** ces qualités, je me sens (*choisissez un mot dans chaque ligne du Groupe B*)

5. Être dans une telle relation me rappellerait (*identifiez une relation ou un souvenir qui ne correspond pas à votre conception d'une relation divine*)

6. Ma relation actuelle/ récente ne me donne pas/ ne m'a pas donné cette expérience car je me sentais

7. Quand j'ai réalisé que la relation ne satisfait/ ne satisfaisait pas mon idéal divin, j'ai

8. Je choisis maintenant de vivre une relation qui me permet de me sentir (*énumérez les expériences identifiées en 2*)

9. Je comprends maintenant que je peux vivre cette expérience quand je (*identifiez ce que vous croyez pouvoir faire ou cesser de faire et qui vous permettra de vivre l'expérience d'une relation divine*)

10. Je suis maintenant conscient que le moyen de créer cette expérience dans ma vie, avec ou sans un compagnon, c'est en

ARRÊTEZ-VOUS ICI !
VOUS AVEZ COMPLÉTÉ UN EXERCICE

Note d'amour
ABANDONNER CE QUE VOUS AVEZ DÉJÀ ÉTÉ ET CE QUE VOUS AVEZ DÉJÀ SU EST LA DOULEUR DU TRAVAIL EXIGÉ POUR DEVENIR CE QUE VOUS ÉTIEZ DESTINÉ À ETRE. C'EST LA DOULEUR QU'IL FAUT POUR VIVRE !

Exercices d'amour en guise de conclusion
Lisez chacune des phrases suivantes en silence puis ensuite répétez-les à voix haute.

Je suis désormais disposé, capable et prêt à éliminer les comportements inconscients qui se dressent entre moi et l'amour.

Je suis désormais *disposé* à pardonner. Je suis désormais *disposé* à me libérer. Je suis désormais *disposé* à être protégé.

Je suis désormais *capable* de pardonner. Je suis désormais *capable* de me libérer. Je suis désormais *capable* d'être protégé.

Je suis désormais *prêt* à pardonner. Je suis désormais *prêt* à me libérer. Je suis désormais *prêt* à être protégé.

Je suis le Bien-Aimé. Rien ni personne ne peuvent changer la vérité de mon être.

Pour cela je suis très reconnaissant.

Qu'il en soit ainsi !

MON EXPÉRIENCE DIVINE

Répondez aux questions suivantes avec la première pensée qui vous vient à l'esprit concernant vos relations. N'ayez pas peur d'être complètement honnête avec vous-même.

1. Que voulez-vous ?

2. Comment vous sentiriez-vous si cela devenait réalité ? (*utilisez les diverses expressions si nécessaire*)

3. Quelle sorte d'expérience (état d'esprit ou d'être) cela vous apportera-t-il ?

4. Que voulez-vous ?

5. Comment vous sentiriez-vous si cela devenait réalité ?

6. Quelle sorte d'expérience (état d'esprit ou d'être) cela vous apportera-t-il ?

7. Que voulez-vous ?

8. Comment vous sentiriez-vous si cela devenait réalité ?

9. Quelle sorte d'expérience (état d'esprit ou d'être) cela vous apportera-t-il ?

10. Ce que je veux dans ma relation idéale, c'est (*réécrivez vos réponses à 1, 4 et 7*)

11. Ma relation idéale me rendrait (*réécrivez vos réponses à 2, 5 et 8*)

12. Dans ma relation idéale, je vivrais (*réécrivez vos réponses à 3, 6 et 9*)

13. Je peux créer ces expériences en

ARRÊTEZ-VOUS ICI !
VOUS AVEZ COMPLÉTÉ UN EXERCICE

Note d'amour
PENSEZ À CHAQUE CHOSE NÉGATIVE QUE VOUS AVEZ
PENSÉE OU DITE À PROPOS DE VOUS-MÊME ET
DEMANDEZ-VOUS POURQUOI VOUS N'AVEZ PAS ÉTÉ
FRAPPÉ À MORT ! POURQUOI ? PARCE QUE DIEU VOUS
PARDONNE ! VOILÀ LA RAISON !

Exercices d'amour en guise de conclusion
Lisez chacune des phrases suivantes en silence puis ensuite répétez-
les à voix haute.

Je suis désormais disposé, capable et prêt à éliminer les
comportements inconscients qui se dressent entre moi et l'amour.

Je suis désormais *disposé* à pardonner. Je suis désormais *disposé* à
me libérer. Je suis désormais *disposé* à être protégé.

Je suis désormais *capable* de pardonner. Je suis désormais *capable*
de me libérer. Je suis désormais *capable* d'être protégé.

Je suis désormais *prêt* à pardonner. Je suis désormais *prêt* à me
libérer. Je suis désormais *prêt* à être protégé.

Je suis le Bien-Aimé. Rien ni personne ne peuvent changer la vérité
de mon être.

Pour cela je suis très reconnaissant.

Qu'il en soit ainsi !

MA RELATION IDÉALE

1. Décrivez comment vous souhaitez vous sentir dans une relation.

2. Qu'est-ce qui, selon vous, a empêché que cela se produise dans vos relations passées ?

3. Pourquoi croyez-vous que cela peut/ pourra arriver à partir de maintenant ?

4. Comment, dans cette relation, seront prises les décisions concernant la relation ?

5. Quel genre de décision preniez-vous dans les relations passées ?

6. Comment les ressources (économiques, sociales, etc.) seront-elles distribuées dans cette relation ?

7. Comment les ressources étaient-elles distribuées dans les relations passées ?

8. Comment les conflits seront-ils résolus dans cette relation ?

9. Comment les conflits étaient-ils résolus dans les relations passées ?

10. Qu'êtes-vous disposé à faire pour vous aider à créer votre relation idéale ?

11. Comment accomplirez-vous les choses que vous avez identifiées ci-dessus ?

ARRÊTEZ-VOUS ICI !
VOUS AVEZ COMPLÉTÉ UN EXERCICE

Note d'amour
REGARDEZ !
VOUS ÊTES PRÊT À FAIRE DE NOUVELLES CHOSES !
SOYEZ BÉNI !

Exercices d'amour en guise de conclusion
Lisez chacune des phrases suivantes en silence puis ensuite répétez-les à voix haute.

Je suis désormais disposé, capable et prêt à éliminer les comportements inconscients qui se dressent entre moi et l'amour.

Je suis désormais *disposé* à pardonner. Je suis désormais *disposé* à me libérer. Je suis désormais *disposé* à être protégé.

Je suis désormais *capable* de pardonner. Je suis désormais *capable* de me libérer. Je suis désormais *capable* d'être protégé.

Je suis désormais *prêt* à pardonner. Je suis désormais *prêt* à me libérer. Je suis désormais *prêt* à être protégé.

Je suis le Bien-Aimé. Rien ni personne ne peuvent changer la vérité de mon être.

Pour cela je suis très reconnaissant.

Qu'il en soit ainsi !

LE GRENIER

Félicitations ! Vous avez surmonté toutes les « choses » qui vous retenaient ! Vous avez confronté vos démons et tué les dragons ! Vous avez nettoyé la maison et vous êtes prêt maintenant à aller de l'avant ! Ceci signifie que vous avez trouvé l'amour de votre vie ! Ceci signifie que vous réalisez que vous êtes le Bien-Aimé ! Est-ce que cela signifie que le cheminement et le processus de guérison sont finis ? Maintenant, je sais que vous le savez!!!

Votre travail dans le grenier porte sur le fait de ne jamais perdre de vue qui vous êtes et votre raison d'être sur terre. Vous êtes ici pour glorifier et montrer votre part divine, votre Soi véritable. Vous êtes ici pour célébrer tout ce que la vie peut offrir. Vous êtes ici pour faire ce que vous aimez et ce qui vous apporte de la joie ! Vous avez maintenant la capacité et le devoir d'utiliser l'amour, l'essence véritable de ce que vous êtes, pour tout ce que vous faites. Votre travail à partir de maintenant est d'être une lumière pour le monde. C'est la voie spirituelle, qui n'est pas toujours la plus facile. Mais vous savez quoi ? Vous êtes outillé – vous aimez être...vous !

Exercices d'amour

Avant de commencer un exercice, lisez chacune des phrases suivantes en silence, puis ensuite répétez chacune d'elles à voix haute. Vos paroles ont du pouvoir ! Les mots créent un environnement et une expérience. Vous êtes libre de remplacer le mot « Dieu » par n'importe quel mot qui vous convient mieux.

Il n'y a rien qui doit être guéri, seul Dieu doit être révélé.

Il n'y a rien qui doit être guéri, seul Dieu doit être révélé.

Il n'y a rien qui doit être guéri, seul Dieu doit être révélé.

Merci Dieu de te révéler dans ma vie sous la forme de la paix.

Merci Dieu de te révéler dans ma vie sous la forme de la joie.

Merci Dieu de te révéler dans ma vie sous la forme de la force.

Merci Dieu de te révéler comme centre de ma vie.

Merci Dieu de me défendre, de me protéger, de me guider, de prendre soin de tout ce qui me concerne et de faire tout ce qui m'est prescrit.

Merci Dieu de guérir mes relations, de protéger mes enfants, de guérir mon corps, de satisfaire tous mes besoins.

Mais avant tout, merci Dieu de m'aimer comme je suis et de savoir ce dont j'ai besoin et d'être la réalisation de mes besoins, avant même que je le demande.

Aujourd'hui, je reconnais, j'accepte, je crois qu'il n'y a rien qui doit être réparé, changé ou guéri, en moi ou autour de moi, car Dieu, mon Dieu, sera toujours révélé.

Pour cela je suis très reconnaissant.

Qu'il en soit ainsi !

LES ACTES DE FOI QUOTIDIENS

Les ACTES impliquent la *Reconnaissance*, la *Confession*, l'*Action de grâce* et la *Supplication*. C'est un processus de prière qui peut être mené pour développer une relation plus profonde avec Dieu et avec votre personnalité profonde. Ce cheminement peut être fait pendant neuf jours consécutifs, chaque matin (immédiatement après le lever) et le soir (avant d'aller au lit). Complétez chacune des phrases spontanément et complétez toute une section avant de passer à la suivante. Sentez-vous à l'aise de remplacer le mot « Dieu » par n'importe quel mot qui vous convient mieux.

La reconnaissance (Reconnaissance de la Présence Divine dans votre vie et dans vos pensées, vos émotions, vos idées les plus profondes qui concernent cette présence.)

1. Aujourd'hui, je reconnais Dieu comme

2. Aujourd'hui, je reconnais Dieu comme

3. Aujourd'hui, je reconnais Dieu comme

4. Aujourd'hui, je reconnais Dieu comme

5. Aujourd'hui, je reconnais Dieu comme

6. Aujourd'hui, je reconnais Dieu comme

7. Aujourd'hui, je reconnais Dieu comme

8. Aujourd'hui, je reconnais Dieu comme

9. Aujourd'hui, je reconnais Dieu comme

La confession (Reconnaissance de ces choses que vous avez faites qui n'étaient pas aimantes et non pas une réflexion sur votre Soi véritable.)

1. Aujourd'hui, je confesse que j'ai

et je me pardonne totalement et inconditionnellement.

2. Aujourd'hui, je confesse que j'ai

et je me pardonne totalement et inconditionnellement.

3. Aujourd'hui, je confesse que j'ai

et je me pardonne totalement et inconditionnellement.

4. Aujourd'hui, je confesse que j'ai

et je me pardonne totalement et inconditionnellement.

5. Aujourd'hui, je confesse que j'ai

et je me pardonne totalement et inconditionnellement.

6. Aujourd'hui, je confesse que j'ai

et je me pardonne totalement et inconditionnellement.

7. Aujourd'hui, je confesse que j'ai

et je me pardonne totalement et inconditionnellement.

8. Aujourd'hui, je confesse que j'ai

et je me pardonne totalement et inconditionnellement.

9. Aujourd'hui, je confesse que j'ai

et je me pardonne totalement et inconditionnellement.

L'Action de grâce (Reconnaissance consciente et prière offerte en guise d'appréciation et de gratitude pour ce que vous avez reçu.)

1. Aujourd'hui, je remercie Dieu pour

2. Aujourd'hui, je remercie Dieu pour

3. Aujourd'hui, je remercie Dieu pour

4. Aujourd'hui, je remercie Dieu pour

5. Aujourd'hui, je remercie Dieu pour

6. Aujourd'hui, je remercie Dieu pour

7. Aujourd'hui, je remercie Dieu pour

8. Aujourd'hui, je remercie Dieu pour

9. Aujourd'hui, je remercie Dieu pour

La supplication (Demande de support, d'assistance, de conseils concernant un besoin ou un souhait précis dans votre vie.)

1. Aujourd'hui, je demande

et pour cela je suis très reconnaissant.

2. Aujourd'hui, je demande

et pour cela je suis très reconnaissant.

3. Aujourd'hui, je demande

et pour cela je suis très reconnaissant.

4. Aujourd'hui, je demande

et pour cela je suis très reconnaissant.

5. Aujourd'hui, je demande

et pour cela je suis très reconnaissant.

6. Aujourd'hui, je demande

et pour cela je suis très reconnaissant.

7. Aujourd'hui, je demande

et pour cela je suis très reconnaissant.

8. Aujourd'hui, je demande

et pour cela je suis très reconnaissant.

9. Aujourd'hui, je demande

et pour cela je suis très reconnaissant.

Une fois que vous avez complété tout l'exercice, mettez-vous quelques instants dans un état de contemplation tranquille.

ARRÊTEZ-VOUS ICI !
VOUS AVEZ COMPLÉTÉ UN EXERCICE

Note d'amour
LORSQUE VOUS POUVEZ COMMENCER À VOIR ET
RÉALISER LA PRÉSENCE DE DIEU AU MILIEU DE TOUT CE
QUI SE PASSE, QUELQUE CHOSE COMMENCE À SE
PRODUIRE À L'INTÉRIEUR DE VOUS.

Exercices d'amour en guise de conclusion
Lisez chacune des phrases suivantes en silence puis ensuite répétez-
les à voix haute. Laissez-nous prier !

Cher Dieu :

Aujourd'hui est un jour que tu as fait et je suis très reconnaissant
d'en faire partie.

Aujourd'hui est le jour où j'ai décidé de me placer entièrement sous
êtes soins.

Aujourd'hui est le jour où mes dettes spirituelles et karmiques sont
annulées et je suis très reconnaissant d'être libéré.

Dès aujourd'hui, je déclare et décrète que je suis libéré de la peur !
Libéré du doute ! Libéré de la colère ! Libéré de la honte ! Libéré
de la culpabilité ! Libéré des pensées et des actions improductives !

Dans ce jour glorieux que tu m'as permis de voir, je suis divinement
déterminé et consciencieusement engagé à vivre la vie que tu as créée
pour moi.

Une vie d'amour, de paix, de joie, d'accomplissement et d'activité
créatrice.

Aujourd'hui est le jour, Dieu !
Ton jour ! Mon jour !
Et pour ce jour, je suis très, très reconnaissant.

Qu'il en soit ainsi !

PRATIQUER LA PRÉSENCE

1. Quelle est votre définition personnelle de la spiritualité ?

2. De quelle manière accordez-vous votre pratique quotidienne de la spiritualité avec cette définition ?

3. De quelle manière désirez-vous faire plus de place à la spiritualité dans votre vie ?

4. Qu'êtes-vous disposé à faire pour créer cette expérience ?

5. Quelle est votre définition personnelle de l'amour ?

6. De quelle manière vivez-vous l'amour sur une base quotidienne ?

7. De quelle manière désirez-vous donner plus d'amour ?

8. Qu'êtes-vous disposé à offrir pour montrer votre amour aux gens que vous n'aimez pas particulièrement ?

9. Quelle est votre définition personnelle de Dieu ?

10. De quelle manière faites-vous la rencontre de Dieu dans votre vie quotidienne ?

11. De quelle manière souhaitez-vous vous rapprocher de Dieu dans votre vie ?

12. Qu'êtes-vous disposé à faire pour créer cette expérience ?

POUR SAVOIR RECONNAÎTRE

1. En ce qui concerne ma vie spirituelle, je m'engage désormais à créer davantage une expérience spirituelle en

2. En ce qui concerne ma compréhension de l'amour, je m'engage désormais à créer plus d'amour dans ma vie en

3. En ce qui concerne ma compréhension de Dieu, je m'engage désormais à me rapprocher davantage de Dieu en

4. En prenant l'engagement de créer chacune de ces expériences dans ma vie, je ne suis plus disposé à

ARRÊTEZ-VOUS ICI !
VOUS AVEZ COMPLÉTÉ TOUS LES EXERCICES

Note d'amour
PAR LA RECONNAISSANCE CONSCIENTE DE DIEU DANS CHAQUE SITUATION, NOUS NE MANQUONS JAMAIS DE VOIR LE BIEN-AIMÉ, LE PRÉCIEUX ESPRIT PRÉSENT DANS CHAQUE MOMENT QUE NOUS VIVONS AVEC LES AUTRES CRÉATIONS DE DIEU.

Exercices d'amour en guise de conclusion
Lisez chacune des phrases suivantes en silence puis ensuite répétez-les à voix haute. Laissez-nous prier !

Cher Dieu :

Aujourd'hui est un jour que tu as fait et je suis très reconnaissant d'en faire partie.

Aujourd'hui est le jour où j'ai décidé de me placer entièrement sous êtes soins.

Aujourd'hui est le jour où mes dettes spirituelles et karmiques sont annulées et je suis très reconnaissant d'être libéré.

Dès aujourd'hui, je déclare et décrète que je suis libéré de la peur ! Libéré du doute ! Libéré de la colère ! Libéré de la honte ! Libéré de la culpabilité ! Libéré des pensées et des actions improductives !

Dans ce jour glorieux que tu m'as permis de voir, je suis divinement déterminé et consciencieusement engagé à vivre la vie que tu as créée pour moi.

Une vie d'amour, de paix, de joie, d'accomplissement et d'activité créatrice.

Aujourd'hui est le jour, Dieu !

Ton jour ! Mon jour !

Et pour ce jour, je suis très, très reconnaissant.

Qu'il en soit ainsi !

ET VOILÀ !

UNE PENSÉE

Vous avez parcouru un très long chemin ! Mon plus grand souhait est que vous ayez beaucoup appris et beaucoup grandi. J'espère aussi que vous allez tout relire, revoir et refaire, que vous allez vous engager à nouveau, un jour à la fois, à appliquer les connaissances que vous avez gagnées au cours de votre voyage au cœur de la *déprime*. Ce que je désire le plus est que vous réalisiez, que vous acceptiez et que vous compreniez que peu importe où vous avez été, ce que vous avez vécu ou ce que vous ressentez, à un certain moment, si vous tendez votre main hors des ténèbres, l'Esprit de la vie saisira votre main, la tirera vers lui, il vous enlacera et chuchotera doucement en votre âme : *Bienvenue chez toi !*

J'espère que vous allez honorer le Bien-Aimé à chaque instant de chaque jour, pour le reste de l'éternité. J'espère que votre vie sera tellement remplie d'amour que vous allez respirer plus profondément, que vous bougerez plus lentement et que vous donnerez plus de vous-même au monde. J'espère, si vous êtes à nouveau coincé, ou que vous vivez au sous-sol, que vous résistez au changement ou que vous doutez de la grâce et de la miséricorde de votre Soi bien-aimé, que vous tendrez votre main hors des ténèbres pour être accueilli chez vous – encore. J'espère que cet effort d'amour, offert dans l'amour, pour l'amour, sera une lumière dans les ténèbres qui ont recouvert la beauté de votre âme. Dans la *déprime*, sachez, je vous en prie, que vous êtes aimé; qu'il y a du bon dans toute difficulté; que si vous agissez simplement avec la foi, vous éveillerez la force intérieure. La force à l'intérieur de vous, mon Bien-Aimé, c'est la présence de Dieu – peu importe le nom qu'Il/ Elle prend.

Soyez Béni !

LEXIQUE

Abandon   Relâchement psychologique et émotionnel. Reconnaissance de la force de l'activité spirituelle. Obéissance au principe spirituel, quiévolue vers un sentiment de paix et de bien-être. Un acte d'acceptation.

Acceptation   Savoir que tout est bien, même quand vous ne voyez ni ne comprenez comment les choses se passeront.

Acceptation de soi   Connaissance de soi sans critiques ni jugements.

Affirmation   Une déclaration faite et acceptée comme vraie.

Agression   Pousser, forcer, se mouvoir contre le cours normal, naturel et visible des choses.

Alignement   Être en accord, en harmonie, en équilibre avec l'écoulement de l'Énergie Divine.

Amour   En son sens le plus élevé, c'est la nature de la réalité : Dieu est Amour. L'Amour est Dieu.

Crée de l'harmonie, de la clarté et provoque la transformation et l'unité. Dans son sens plus commun, c'est un attachement émotionnel que quelqu'un a ou partage avec un autre. Cela va et vient, selon l'attitude ou l'humeur d'une personne.

Amour de soi   Acceptation de tout ce que nous sommes.

Blâme   Attribuer à quelqu'un d'autre la responsabilité de votre bonheur et de votre bien-être. Chercher hors de soi une réponse ou une solution.

Calme   Voir : Paix

Caractère   Essence fondamentale de la personne. Ce sont vos assises émotionnelles et psychologiques, ce à quoi vous vous raccrochez intérieurement. Ce sont les fondements de la capacité de vivre.

Célébration   Liberté de l'esprit. Faire l'éloge et remercier. Se sentir bien et montrer vos bons sentiments.

Changement   Mouvement ou modification dans le cours de la vie. Développements dans le cours naturel des événements.

Colère   Réaction émotionnelle qui survient lorsque les gens ou les événements ne se comportent pas selon nos attentes.

Compassion   La capacité de voir une erreur sans avoir besoin de la condamner. Avoir un cœur compréhensif et ouvert, avec la capacité d'offrir le pardon, l'amour et la vérité.

Compréhension   Fait de saisir la vérité et le principe spirituel. Intégration de la connaissance intellectuelle et spirituelle.

Confiance   Croyance inconditionnelle et attente tranquille de la manifestation de la loi et de l'ordre divins. Engagement mental et émotionnel envers la volonté de Dieu.

Conflit   Manque d'harmonie et d'équilibre. Opposition entre des forces, des énergies ou des gens qui vont dans des directions semblables ou différentes. Un test pour le caractère.

Confusion   Obscurité mentale, émotionnelle ou spirituelle. Conflit mental, émotionnel ou spirituel. Stimulation excessive des sens.

Connaissance   La somme des idées accumulées dans l'esprit d'un individu et qui influencent son état d'être. Structure composée des croyances, des pensées, des émotions, des sensations et du savoir qui nourrit les aspects conscients, subconscients et supraconscients de l'esprit humain.

Conscience   Connaissance intérieure des Principes Divins et de leur fonctionnement ou manifestation dans le monde physique.

Contrôle   Agression. Tentative consciente de diriger le cours des événements. Croyances inconscientes qui coincent ou font stagner le cours des événements. La capacité de s'ajuster au flot naturel des événements.

Coopération   Travail en concordance, unité de deux forces ou plus. Équilibre, harmonie, reconnaissance mutuelle des forces.

Courage   Être libéré de la peur. La capacité d'être, de se tenir, d'avancer en présence de l'anxiété, du danger, de l'opposition. Savoir aller au-delà d'un état mental, émotionnel ou physique où quelqu'un se sent confortable ou en sécurité. Un test pour le caractère.

Croyance

Acceptation émotionnelle et mentale de la vérité d'une idée.

Culpabilité

La croyance qu'il y a quelque chose de mal dans ce que nous faisons. Émotion néfaste qui conduit à la honte.

Cupidité

Appétit insatiable des sens. L'absence de gratitude. Manque de foi.

Déception

Construction émotionnelle. Attentes fondées sur des désirs faux ou inexprimés qui ne sont pas satisfaits. Attachement insatisfait aux conséquences d'un événement.

Déni

Échec conscient ou incapacité à voir, savoir ou accepter la vérité. Face aux affirmations ou aux paroles prononcées, le déni est comme l'eau et le savon de l'esprit qui abandonne une fausse croyance ou une pensée mauvaise.

Dépression

Colère inexprimée qui bouille à l'intérieur; sentiment d'être opprimé ou écrasé; sentiment d'impuissance face aux situations; incapacité à trouver sa voie.

Désespoir

Sentiment de perte physique, émotionnelle ou spirituelle. Actions entreprises en niant la vérité. Résistance aux sentiments d'impuissance et de capitulation. Abandon de la foi et de la confiance. Un test pour le caractère.

Détachement   Construction mentale, émotionnelle et spirituelle qui permet à quelqu'un d'opérer le retrait d'un investissement émotionnel dans le cours des événements. La capacité de devenir un témoin plutôt qu'un participant. N'avoir aucun attachement mental ou émotionnel à surmonter.

Discernement   « La capacité de coller à la vérité. » Voir au-delà des apparences ce qui est caché et obscur, mais divin.

Discipline   Concentration. Un test pour la force spirituelle. Volonté d'apprendre. La capacité de persévérer fondée sur la foi et l'obéissance.

Diversion   Action ou activité qui attire l'attention ou l'intérêt de quelqu'un. Acte conscient ou inconscient en réaction à une peur qui gêne la croissance et l'évolution. Un test pour le caractère et pour la force spirituelle.

Doute   Résultat d'une mise en question de la confiance et de la vérité. Manque de concentration et d'engagement qui aboutit à la peur. La racine de la faiblesse mentale et spirituelle, conduisant à l'indécision. Un test pour le caractère.

Douter de soi   Tentative d'anticipation intuitive. Réflexion venant d'un sentiment de faible valeur personnelle et d'un manque d'estime de soi.

Drame   Participation active au conflit, à la confusion et à ce qui paraît faux. La tentative d'attirer l'attention ou d'assurer un contrôle. Résistance au changement. Négation de la vérité!

Ego	« Mettre Dieu à la porte », croire que notre vérité est la vérité. Croire que nous sommes séparés de Dieu. Le fondement de la peur.
Empathie	La capacité de se mettre à la place d'un autre et de connaître la vérité sans jugement. Donner à un autre ce que l'on désire pour soi-même.
Emprisonnement	Obstacles physiques, émotionnels, mentaux ou spirituels au mouvement, à la croissance ou à l'évolution. Un test pour la force spirituelle.
Endurance	Force inébranlable fondée sur la vérité et les principes spirituels. Un développement du courage. La récompense de l'abandon. Un test pour le caractère.
Engagement	Concentration inébranlable. Donner tout ce que l'on peut. Se consacrer à et avoir foi en la réalisation d'événements souhaités.
Équilibre	Avoir ou dépenser du temps et de l'énergie en étant attentif à tous les aspects de la vie.
Erreurs	Développement naturel de l'évolution spirituelle. Confusion entre le savoir et la vérité. Geste de peur fondé sur de fausses perceptions.
Esprit divin	L'absolu. L'alpha (le commencement) et l'oméga (la fin) de la création et de la vie; l'illimité, le toujours-présent, l'omniscient, le tout-puissant Esprit de Dieu.
Estime de soi	Regard sain et confiance en soi-même et en ses capacités. Liaison entre le Soi et la Divinité intérieure.

Évolution

L'appel à un ordre supérieur. Développement accompli grâce à l'adhésion à une loi spirituelle. Le déploiement des événements naturels en accord avec le plan spirituel décrété par Dieu.

Excitation

Élévation de la conscience. Expression du bien. Le prélude à la joie. Un développement de l'acceptation.

Faveur

Bonne fortune qui arrive sans action consciente de votre part. Démonstration concrète de la grâce et de l'amour de Dieu.

Foi

Assurance spirituelle, connaissance intérieure qui entraîne la puissance des désirs du cœur. Confiance en la bonté de Dieu pour être délivré du mal.

Force

La capacité de faire.

Grâce

Présence continuelle, omnipotente, omnisciente et fortifiante de Dieu.

Gratitude

Humilité de l'esprit qui offre ses louanges. Le geste d'offrir ses louanges. La volonté de recevoir. Un test pour le discernement spirituel.

Guérison

Restauration dans la pensée, le corps ou l'esprit d'un état d'unité avec Dieu. Croyance dans la franchise, dans la réceptivité à la présence de Dieu comme Esprit.

Honnêteté

Volonté de connaître, d'accepter et de promouvoir la vérité. La participation consciente à l'avènement de la vérité, qu'elle soit ou non verbalisée.

Honte

La croyance qu'il y a quelque chose de fondamentalement incorrect à l'intérieur de nous. Émotion néfaste que font grandir la programmation, le conditionnement, l'environnement et la culpabilité.

Humilité

Faire de la place pour l'Esprit Saint, pour que l'Esprit de Dieu s'exprime à travers vous. La capacité de donner et de servir sans attendre une récompense. Reconnaître Dieu comme le donateur et l'acteur de toutes choses.

Illumination

Compréhension d'inspiration divine. Capacité de voir, au-delà des manifestations physiques, le principe spirituel comme présence active.

Impatience

Peur. L'absence de foi. La tendance active de l'ego à vouloir être en contrôle des gens et des circonstances. Un test pour le caractère.

Impuissance

Construction mentale. Échec à reconnaître la vérité. Négation de la Présence Divine. En comparaison avec l'abandon, l'impuissance est l'admission et l'acceptation de la toute-puissance de l'Esprit.

Innocence

État de pureté semblable à celui de l'enfance. Pensée pure. Développement du pardon. L'état éternel de l'esprit.

Inspiration

Motivation divine provenant de l'intérieur.

Instinct
(sixième sens)

La voix de l'Esprit à l'intérieur de la conscience. La présence de l'Esprit Saint à l'intérieur de l'être. (voir : Intuition)

Intention   Attente exprimée ou inexprimée. La cause de tous les résultats. La motivation subconsciente de toute action.

Intuition   « Enseignement de l'intérieur ». L'aspect subconscient et suraconscient de l'esprit humain qui produit l'information nécessaire à l'évolution spirituelle.

Isolement   Construction mentale et émotionnelle fondée sur la croyance de l'ego dans la séparation et l'imperfection. Ignorance du calme, du silence et/ou de la solitude. Un test pour la constitution spirituelle.

Jalousie   Peur. Manifestation d'une dépréciation personnelle, d'un manque d'estime et d'amour de soi. Le besoin de l'ego de croire que « je ne suis pas assez bon » ou que « je ne le mérite pas ».

Joie   L'expression naturelle de l'Esprit Saint. État de bien-être et d'Unité.

Jugement   Peur. Construction mentale impliquant l'évaluation par comparaison ou contraste. La manifestation active du besoin d'avoir raison. L'incapacité à discerner la vérité.

Justice   Les effets d'une cause spirituelle. La pensée et l'émotion sont les causes de toutes les réalités physiques. Ce qui a été semé dans la pensée et l'émotion et qui est récolté à travers des expériences.

Liberté   Construction mentale. La capacité de connaître et de vivre la vérité. La capacité de choisir. État d'être où est absente la sensation d'emprisonnement, de restriction, de limitation ou d'oppression; avoir un sentiment de bien-être intérieur qui se manifeste dans le monde extérieur.

Limitation   Construction mentale qui donne du pouvoir aux gens et aux conditions. Ignorance de la vérité. Abandon du libre-arbitre et de la volonté. Développement du drame.

Louange   Remerciement. Reconnaissance consciente et acceptation de la Présence Divine.

Manque   Peur. Construction mentale et émotionnelle. Négation de la Présence Divine. L'absence de vérité.

Méditation   L'acte conscient de calmer l'esprit. Orienter l'attention sur la communion intérieure. Écouter à l'intérieur de soi la voix de l'Esprit. Arrêt de tout mouvement ou de toute action extérieure.

Mensonges personnels   Ce que nous affirmons à nous-même, sur nous-même, et qui sert à créer une croyance au manque, à la restriction et à la limitation. Mécanisme de défense contre la peur.

Mort   Transition spirituelle d'une forme à une autre. L'absence de vie, qu'elle soit physique, émotionnelle ou spirituelle. Dissolution physique du corps ou d'une circonstance.

Non-résistance   Volonté de reconnaître et d'honorer le cours naturel des choses. Abandon de la peur, du ressentiment et du jugement. Intrépidité fondée sur la confiance. Le prélude à l'abandon. Un test pour le caractère et pour la volonté spirituelle.

Obéissance	Reconnaissance inconditionnelle de l'Esprit. Confiance et hommage au soi. Développement de la discipline. Un test pour le caractère.
Obstacle	L'apparence ou la manifestation de blocages physiques ou mentaux créés par les pensées, les croyances ou les actions d'une personne.
Ordre	La marche de l'Univers. Le système de vérité par lequel toutes les choses doivent arriver pour créer de l'harmonie.
Paix	Harmonie absolue à tous les niveaux : mental, physique, émotionnel et spirituel. Amour inconditionnel de toutes choses.
Panique	Le développement inévitable du désordre et de l'impatience.
Pardon	Abandonner l'ancien pour le nouveau, le mauvais pour le bon. Permettre au changement de se produire. Un appel à la guérison de la conscience
Patience	Calme intérieur au milieu du chaos extérieur. Un acte d'abandon total à l'ordre divin.
Persévérance	S'efforcer de trouver la vérité, laquelle apporte la paix, l'harmonie et l'acceptation.
Persistance	Qualité spirituelle qui pousse quelqu'un à un accomplissement ou à une réussite.
Peur	Fausses espérances qui apparaissent comme vraies. Terreur, alarme, émotion douloureuse augmentées par la croyance dans la séparation. L'outil essentiel de l'ego pour critiquer.

Prière   Communication et prise de conscience de la
                            Présence Divine à l'intérieur de l'être. L'acte de
                            communication avec la Présence Divine.

Réalité   Ce qui est inchangé et éternel. La présence
                            spirituelle est derrière toute existence réelle, tout
                            ce qui est extérieur est un développement de
                            cette présence.

Reconnaissance de soi   Mélange d'estime de soi et de grande
                            acceptation de ce que l'on est. La capacité
                            d'attendre le plus de soi-même et de donner le
                            plus dans toutes nos affaires. Prise de
                            conscience de l'excellence à l'intérieur de soi.

Réflexion   La somme de nos habitudes de pensée, de nos
                            croyances et de nos actions rendues manifestes
                            dans notre vie, notre monde et nos affaires.

Respect   Regard conscient ou considération pour la
                            présence physique, mentale, émotionnelle et
                            spirituelle dans notre monde.

Responsabilité   Considérer toutes les actions comme une énergie
                            créatrice qui vient d'une Autorité Supérieure à
                            laquelle vous devez répondre.

Responsabilité   Capacité d'assumer tout ce qui existe et arrive
                            dans nos vies.

Sagesse   Connaissance intuitive et intuition spirituelle.
                            La voix de Dieu à l'intérieur de l'être en tant que
                            source de la compréhension et de l'action. La
                            capacité d'agir en accord avec la connaissance et
                            les principes.

Savoir   L'étendue des informations collectées par
                            l'expérience, la perception et le contact avec les

choses. Connaissance des faits qui peut être ou ne pas être le reflet de la vérité. Le savoir intellectuel naît de l'intelligence individuelle et est sujet à critique. Le savoir spirituel naît de l'Intelligence Divine, il est fondé sur des principes et sur la vérité éternelle.

Tergiversations L'acte de retarder ce qu'on a peur intuitivement de savoir ou d'éprouver. Mécanisme physique et mental de défense contre les peurs conscientes et inconscientes.

Trahison Quand les gens et les événements violent la confiance donnée ou que quelqu'un en qui on a confiance est volontairement malhonnête.

Valeur personnelle Niveau élevé d'égard pour soi-même et pour les désirs du cœur. La capacité de faire du bien-être une priorité dans toutes les activités. Connaissance divine de soi-même.

Vérité Aspect de Dieu qui est absolu et englobant. Le fondement du principe spirituel. Ce qui est en accord avec le Principe Divin selon lequel Dieu est la source et la cause créatrices. Le mot immuable, éternel qui est, a été et sera toujours éternellement cohérent.

Ce lexique est un extrait de
Faith in the Valley
Lessons for Women on the Journey to Peace
Par Iyanla Vanzant

L'INSTITUT INNER VISIONS FOR SPIRITUAL DEVELOPMENT

Programme de certification pour accompagnateur de la vie spirituelle

Nous vous invitons à suivre notre programme complet et innovateur conçu pour vous préparer à faire carrière dans un marché en pleine croissance. Les conférences, les démonstrations et la participation aident nos étudiants à apprendre par la pratique. Le cours de base sur deux années vous fournit les habiletés et développe un processus d'intégration et d'équilibre qui vous permet d'apporter des changements positifs et créatifs à votre propre vie. La troisième année du programme vous prépare à une carrière stimulante d'accompagnateur dans laquelle vous pourrez supporter les autres dans leur volonté de créer la vie à laquelle ils aspirent, dans tous les domaines.

L'Institut Inner Visions for Spiritual Development a été fondé en 1988 par l'auteure à succès Iyanla Vanzant. Pendant sa carrière, elle a acquis la réputation d'être une animatrice convaincante et dynamique dans ses ateliers. Le programme de certification pour accompagnateur de la vie spirituelle a été mis sur pied en 1999. L'objectif du programme était de fournir aux anciens participants aux ateliers une vision à long terme et plus pratique de la vie spirituelle. Le cours inaugural a produit seulement vingt diplômés. Les autres étudiants venaient de toutes les couches de la société et de tous les coins du monde, démontrant le besoin pour une institution qui offre une approche complète de la vie spirituelle. C'est la philosophie de l'institut d'offrir une formation qui peut être utilisée pour fournir un support aux autres qui n'ont pas été capables de profiter eux-mêmes des avantages du programme. L'accompagnement est une alternative viable.

Les groupes, pendant les trois années du cursus de l'Institut, se rencontrent un week-end par mois, pendant neuf mois, et pendant une semaine au mois de juillet ou au mois d'août, dépendamment du niveau d'étude. Pour une inscription officielle ou pour d'autres informations, visitez notre site Web à :

Innervisions@Innervisionsworldwide.com

Ou écrivez à : Inner Visions Institute for Spiritual Development
926, Philadelphia Avenue
Silver Spring, MD 20910
(301) 608-8750
(301) 608-3813 Télécopieur

Assurez-vous de prendre des informations au sujet de notre Network Membership et recevez un bulletin de félicitations !

DÉDICACE DE L'ÉDITEUR

Nous dédions ce livre à Denise Pelletier pour le courage dont elle fait preuve à travers le combat de sa maladie.

Son calme, sa détermination, sa générosité et son respect envers les autres sont une grande source d'inspiration pour nous tous aux Éditions AdA Inc.

Merci pour l'excellent travail que tu accomplis. Nous t'accompagnons et t'entourons de notre amour.

François Doucet, Président
Ainsi que toute l'équipe